日本

様

本郷和人

日経プレミアシリーズ

目次

第2章　秀吉の天下統一まで「日本人」という意識はなかった

第3章　武家の力と、男と女

第6章 「タテマエ」の「ホンネ」に注目してみると

はじめに

一九七〇年というからもう随分昔の話だが、NHKが『日本史探訪』という番組をスタートさせた。歴史上の人物，あるいは事件を取り上げて分析し、解釈する。思い切った新しい視点が披露されることもあって、企画は成功し、長寿番組になった。NHKはこのあとずっと歴史番組、たとえば『堂々日本史』や『その時　歴史が動いた』を作り続け、現在の『歴史秘話ヒストリア』につながっていく。

『日本史探訪』は歴史をよく知る人をゲストとして招き、解説の任に充てた（このやり方は、後継番組にも引き継がれていった）。多くの場合、ゲストは歴史作家で、海音寺潮五郎や司馬遼太郎、永井路子といった方々をよくお見かけした。評論家や宗教者も招かれた。だが、不思議なことに、現役バリバリ、一線級の日本史研究者はほとんど姿を現さなかった。なぜか？　そこが分からない。番組の側が、研究者は話が固いから適当でない、と敬遠したのか。それも考えられなくはない。だが、失礼な言い方になるかもしれないが、押しも押されもしない大家であった海音寺先生が、テレビ受けするパフォーマーだったとは言い難い。番組はゲストにそうした要素を求めていなかったはずだ。ぼくはやはり日本史研究者の側が、テレビ出演に乗り気でなかったのだと推測する。ふん、なんで私がテレビなんぞに出て、世間にサービスをせねばならん？　バカバカしい、という具合だ。現在の学問世界の状況を鑑みるに、こちらが正しいように思う。

仮にそうだったとしたら、何ともったいないチャンスを逃したことか！　学問は社会性を失ったら滅びてしまう。それは自明の原理原則だろうに。ああ、あのときにすぐれた研究者がどんどん発言して、歴史解釈の多様性や面白さを社会に向けて発信していたら。現在の日本史学を取り巻くきわめて厳しい状況はなかったに違いない。

いま日本史は暗記を強要するつまらない科目と若い世代に認識されている。こんなものを学んでも、要するに「物知り」になれるだけであって、生きていく手立てとしては使えないよね、と識者までが普通に発言する。一方で、歴史を愛好する人は確実に存在して、たとえば『刀剣女子』と呼ばれる人たちは、瀬戸内市が呼びかけた五億円ものクラウド・ファンディング（『山鳥毛《さんちょうもう》』という一本の刀を購入する資金）を成立させてしまった。

となれば、問題の所在は明らかである。「学問としての日本史」と「エンタメとしての日本史」を繋ぐ努力こそが必要なのだ。ぼくの知っている大物歴史研究者サマはいまだに「私は朝日新聞と岩波書店しか相手にしない」とおっしゃるが、それはダメなんじゃないのか。日本史研究者が率先して、日本史のおもしろさを伝えることが肝要ではないのか。充実した解釈や、最新の研究を、わかりやすく、端的に。

このような問題意識のもとに、私は二〇一八年の六月から二〇一九年の七月まで、日本経済新聞のコラムを書かせていただいた。毎週何かを書くことはたいへんだったが、とても濃密な時間を過ごさせていただいた。

そのコラムをまとめたものが本書である。いま改めて読み返してみると、学界のつまはじきであるぼくが，その時々に不満に思っていたあれやこれやが、文章のそこかしこに秘められていることが分かる。それが具体的にどんなことかは、読んで下さる方の想像にお任せするけれども。

ともかく、マジメに、まっとうに日本史に取り組んで書いた。そのことだけは自信を持って言明できる。とても読みやすいはずだ。中味も豊かだと自負している。ご一読を請う次第である。

二〇二〇年四月

本郷　和人

第1章　最後の将軍はなぜ生き永らえたのか

地位は権力を約束しない

このコラムを始めるにあたり、まずは「地位」と「人」との関係性を述べたいと思う。日本史においては「地位」よりも「人」が重視されていたのだ。

室町幕府の第六代将軍、足利義教《よしのり》（一三九四～一四四一）は「くじ引き将軍」として知られている。すでに第五代・義量《よしかず》を亡くし（酒毒で早世という）、他に男子のいなかった第四代・義持《よしもち》は死去に際し、後継者の選定を守護大名の合議に委ねた。守護大名たちは義持の四人の弟を候補者として、くじ引きをした。その結果、当選したのが青蓮院《しょうれんいん》義円《ぎえん》、還俗《げんぞく》して足利義宣《よしのぶ》、改名して義教である。

当時の将軍は守護大名をはじめとする武士の他、本来は天皇・上皇に奉仕する貴族たちをも従えていた。朝廷勢力を吸収した将軍権力。これを歴史研究者は「室町王権」と呼んでいる。

義教は将軍権力の強化に精励し、父の第三代・義満にならって次々に守護大名の力を削《そ》いでいった。第二の将軍である鎌倉公方（関東と東北を統治した）の足利持氏《もちうじ》も攻め滅ぼされた。こうした苛烈な処断が相次ぐ中、政界には薄氷を踏むが如き緊張感が醸成され、ついには播磨の守護大名・赤松満祐《あかまつみつすけ》の暴発により、義教は殺害されるに至るのである。

話は青蓮院義円が幕府の主として迎えられた正長元年（一四二八年）五月に遡る。僧籍を離脱し俗人に戻った足利義宣は政務に積極的な姿勢を示し、すぐにも将軍の親裁を開始しようとした。ところがここに、前近代らしい問題が生じた。髪の毛が生えそろっていなかった（僧籍にある時は当然剃髪《ていはつ》している）ために成人の証したる烏帽子《えぼし》がかぶれず、それが理由で官位の昇進が遅れ、征夷大将軍への就任が実現していなかったのだ。

貴族である万里小路時房《までのこうじときふさ》は、当時を代表する学者、清原良賢《きよはらのよしかた》の説を取り入れながら次のように主張した。義宣様は将軍に任じられるのを待ち、その後に政務に携わるべきだ。将軍職を帯びぬ身としてひとたび政治を行ってしまうと、万が一にも強大な覇者が出現して政務の権を掌握しようとしたときに、その者の存在を否定する論理的根拠を失ってしまうではないか。

貴族である時房は、「朝廷が」義宣を「将軍職に任じる」というファクトの価値を強調したいのだ。天皇の仕事を、武家に対して、できるだけ高く売りつけたい。だからこそこのような主張をするわけだが、その言い分は確かに理にかなっている。だが実際には天皇による将軍職への補任があろうがなかろうが、幕府の主としての、すなわち京都政界（幕府でも朝廷でも）の最高権力者としての義宣の地位はゆるがない。先にふれた鎌倉公方の足利持氏が将軍職に色気を示していて、義宣の将軍就任までの期間は持氏にもチャンスがあった、などと説く研究者もいるが、それは当時の実態をよく理解しない妄説《もうせつ》である。

しかし、ここには、「地位」と「人」のきわめて日本的なあり方が現れている。特別な地位には権限なり特権が付随しており、その地位に就くことによって人は権限・特権と一体化する。そう考える社会は多い。たとえば中国。ヨーロッパ各国。皇帝や王様はその国で最上位の権限を有する。だからひとたび皇位・王位を獲得した人は、死ぬまで地位を手放さない。「終身在位」が当然。「地位」こそが「人」を正統化するから。

これに対して日本は異なる。世襲の観念が強固である。「人」を正統化するのは第一に血統である。「地位」が人物に権限を付与するのでなく、権限を創りあげた「人物」が地位を選び取るのだ。事実として先の足利義教は幕府の大名たちに「あなたこそ足利家の正統的後継者です」と認められることをもって、先の時房の意見を斥《しりぞ》け、征夷大将軍への就任を待たずに政務を開始した。

鎌倉幕府の北条本家（得宗《とくそう》家という）は、将軍の「地位」にある人を傀儡《かいらい》にして、執権として実権を確保した。また、分家の人に執権の座を譲っても、本家当主（北条家の家父長）として、幕府のリーダーであった。徳川家康は将軍の「地位」を秀忠に譲っても、「大御所」なる存在となって権力を持ち続けた。

これは実は朝廷にもあてはまる。至尊の「地位」とはいいながら、皇位は朝廷のリーダーたることを約束しなかった。藤原本家が摂政・関白として権力を行使した。藤原家の家父長は関白の地位を後継者に譲ると、太閤として隠然たる力を持った。そして天皇自身も、天皇たる「地位」＝皇位を次代に譲り、上皇となって政務を担当した。ここでも、地位ではなく、血統の優先を見ることができるのである。

征夷大将軍という官職のリアル

今回も前回と同様、日本史における「地位」と「人」を考えたい。

天皇家はいうまでもなく万世一系なので、絶えるとか、終わるということと無縁であった。けれども、天皇の朝廷と相並んで日本の政治を牽引《けんいん》してきた、武家の政権である幕府の方は、都合三回ほど滅亡している。鎌倉幕府が滅びた後に足利氏の室町幕府が誕生し、室町幕府が織田信長によって息の根を止められたあとに徳川家康によって江戸幕府が開かれ、幕末の動乱を経て江戸幕府が倒壊して、明治維新政府が呱々《ここ》の声を上げた。さて、幕府が終焉《しゅうえん》の時を迎えると、それぞれの「最後の将軍」はいかなる運命をたどったのだろうか？

幕府はもちろん武人の政権であるから、それが滅亡するときに戦いが起きる。血が流れる。とするならば、武人のトップたる将軍は、幕府と運命をともにするのだろうか。具体的には自害するか、敵兵に討ち取られるか、捕まって処刑されるか、と想像するのだが、いやいや、さにあらず。鎌倉幕府の最後の将軍は守邦親王《もりくにしんのう》、室町幕府は足利義昭《よしあき》で、江戸幕府は有名な徳川慶喜。みな命を失うことなく、生き永らえた。

トップの使命は、ドライに考えると、責任を取ることである。だから、現代であれば、組織に問題が起き、組織の業績が振るわなければ、まずはトップが頭を下げる。それで足りなければ辞任する。これが前近代であれば、命を差し出すことになる。王朝が終わるときは、洋の東西を問わず、王様はそうする運命にあった。だから、日本の武家社会ならばいかにも「腹を切り」そうな感じがするが、そうではないのだ。たとえば徳川慶喜は、たくさんの幕臣が幕末の動乱で命を落としているけれども、大正になるまで長寿を保ち、七十六歳で亡くなった。

時代が明治・大正ともなると、さすがに「人命の尊さ」に配慮するから、徳川慶喜は切腹すべきであったなどと言うつもりは毛頭ない。歴代の徳川将軍家の中でも随一の長命を保ったことは誠に喜ばしい。私が言いたいのはそういうことではなくて、ここにも前回述べた「地位」より「人」の特質が見えるような気がするのだ。

「地位」重視であれば、将軍は当然、責任を取って、幕府とともに滅びを要求されただろう。けれど、守邦親王は誰の目にも明らかな傀儡《かいらい》であった。執権は北条（赤橋）守時であり、さらに本当に実権を有していたのは、最後の得宗《とくそう》（北条本家の当主）、北条高時《たかとき》であった。足利義昭は「織田信長包囲網」を作った立役者だったと評価する向きもあるが、私はそうした説には賛成しない。すでに足利将軍家の権威などは地に落ちていて、義昭は所詮は実力を持たない道化である。命を奪う価値もない、と信長に軽侮されていたのではないか。最後に徳川慶喜であるが、彼は謹慎して朝廷に恭順の意を表していた。そういう事情を考慮されて、助命された。三人ともに、義昭のようなマイナス評価も含めて、「人物」への斟酌《しんしゃく》が彼らの命を救っている。

最後に付け加えると、源頼朝の「征夷大将軍」補任も、この「地位と人物」論で、より説得的な解釈ができる。私は周囲の研究者たちに、征夷大将軍という官職のリアルをどう説明したらよいか、ずっと悩んできた。歴史研究者の多くは、朝廷が征夷大将軍に任じて初めて、頼朝がこの「地位」が内包する様々な権限を行使できるようになる、と考えた。だからその史実をもって鎌倉幕府が成立する、との認識も共有されてきた。

でもそれはあまりに単純な解釈である。征夷大将軍という官職の中身は、実は空虚、カラなのだ。頼朝が実力で達成してきた既成事実が先にある。それに「ハクを付ける」ために、征夷大将軍なる忘れられかけたホコリをかぶった官職が引っ張り出されてきた。それがリアルなのである。でも、内実（ホンネ）の分析は、外皮（タテマエ）の観察より高次の研究行動になる。難しいし、面倒くさい。それで、みんな「征夷大将軍」という外皮の観察をする（「夷」とは関東や東北のことだから、これをもって関東以東の頼朝の軍事政権は正当性を付与される、など）と、ＱＥＤ、実証終わり、やめてしまう。それでは足りない、もう一歩踏み込もう、と声をからしても誰も聞いてくれない。それが現状である。

けれど、この「日本ではずっと『地位』より『人』」論ならば、どうだろうか。源頼朝という新しい権力者がいる。頼朝という武の「人物」がいて、今までにない権力を創造した。朝廷はこれに「征夷大将軍」という「地位」を準備した。これが将軍である。だから、「鎌倉殿」＝頼朝、が先。将軍職は次。同様に前回でいうと、室町殿＝足利義教が先、朝廷がくれる将軍職は次なのだ。

徳川慶喜助命と江戸無血開城

前回、江戸幕府の最後の将軍、徳川慶喜が助命されたことを記した。これは普通は「江戸無血開城」として知られる歴史的な事件の中の一コマである。

この当時、江戸は人口百万人を擁する世界有数の大都市であった。西郷隆盛と勝海舟。二人の英傑の歴史的会談が、百万人の生命を戦火から救った、と私たちは理解している。だが調べてみると、二人が直接に話し合ったのは江戸市民の生命ではなかった。徳川慶喜の生命と名誉であった。

一六一五年、徳川家康は豊臣秀頼を滅ぼした。この時、大坂城に籠城する豊臣勢（浪人衆を含む）と徳川幕府勢との戦いで、大坂の町はたいへんな被害を蒙《こうむ》った。直接の戦火はもちろん怖いが、戦後のカオスも脅威である。日本の合戦図屏風の中でも白眉と評される「大坂夏の陣図屏風」（重要文化財、大阪城天守閣所蔵）には、逃げまどう大坂の民（つまりは何の罪もない人々）と、略奪・誘拐・首狩りしようとする徳川方の兵士や野盗が描かれている。理性を失った誰かが火をつければ、町は滅びたであろう。

将軍である慶喜に厳刑を科せば、旗本・御家人は心ならずも（先代の家茂《いえもち》は人気があったが、慶喜は不人気であった）彼を守って籠城しなくてはならなくなる。対して慶喜に寛大な対応を示せば、幕臣たちは納得して（おそらく内心ではほっとして）矛を収める。江戸城での戦いはなくなり、結果的に百万市民の安全の確保につながるのである。

慶喜が謹慎していることを受けて、官軍すなわち西郷は「慶喜を岡山藩に預ける」案を出した。岡山藩の殿様は外様大名・池田氏（当主の茂政は養子で、慶喜の実弟。ただし三月十五日に引退）。すなわち慶喜を虜囚としてあつかう、というのである。これに幕臣の山岡鉄太郎（鉄舟）、勝海舟は強く反発。彼らの主張する武士の誇りを尊重した西郷は、「慶喜を（実家である）水戸に移す」という案で妥協した。慶喜は辱めを受けることなく、一命を助けられた。

さて、その徳川慶喜の助命であるが、それが決定するまでには意見の対立があった、と現在の歴史学は分析している。慶喜に対し穏当な処分で済ませようとする「寛典論」と、厳しい処分を求める「強硬論」との対立がそれである。

慶喜を厳罰に処せば紛争が起き、国益に反する、と寛典論を説いたのは木戸孝允《たかよし》（桂小五郎）・広沢真臣《さねおみ》ら長州藩と、山内容堂・松平春嶽《しゅんがく》・伊達宗城《むねなり》ら諸侯であった。一方、「是非切腹迄《まで》ニハ参り申さず候ては相済まず」（何としても切腹にまで追い詰めないと事態は決着を見ない、の意。慶応四年〈一八六八年〉二月二日、大久保利通あて、西郷隆盛書状。これを書状Aとする）と断固として切腹を求めたのが西郷隆盛であった。大久保も、慶喜を赦《ゆる》すのは以《も》っての外《ほか》であると考えていた（同年二月十六日、蓑田伝兵衛あて、大久保利通書状）ようだから、薩摩藩全体が強硬論だったと見られている。

同年二月九日、有栖川宮熾仁《ありすがわのみやたるひと》親王が東征大総督に任命され、江戸城と徳川家のあつかい、東日本に関わる裁量のほぼ全権が与えられた。大総督府参謀には公家の正親町公董《おおぎまちきんただ》・西四辻公業が、実務を取り仕切る下参謀には広沢が任じられたが、寛典論の広沢は十二日に辞退。その二日後の十四日、強硬派の西郷が補任された。

二月十五日、東征軍は京都を発して東下し、三月五日に徳川家ゆかりの駿府に到着した。翌六日には江戸城攻撃の日付が三月十五日と決定され、同時に、慶喜の恭順の意思が確認できるなら一定の条件のもとでこれを許容する用意があることも「別秘事」として示された（原口清「江戸城明渡しの一考察」〈『名城商学』21巻2・3号〉）。

一カ月の間にどういう経緯があったかは定かではない（英国公使パークスとの会談が影響しているとの説あり）のだが、どうやらこの頃には、強硬派の西郷や大久保らの間にも、慶喜の恭順が真摯なものであれば厳罰に処する必要はない、との合意が形成されつつあったと思われる（『大久保利通文書 二』慶応四年二月〈日付不明〉意見書）。かくのごとくに、慶喜助命が大勢となった駿府の総督府に、三月九日、決死の山岡鉄太郎が嘆願にやって来る。それで事態は一気に動き、江戸の薩摩藩邸で西郷・勝が会談し、慶喜の助命と江戸城の明け渡しが実現する。

おおよそ以上が研究者の共通理解なのだが、著名な歴史小説家である海音寺潮五郎の解釈は明らかに異なる。『江戸開城』という本（一九八七年、新潮文庫）では冒頭に書状Aを載せ、この文中で西郷が「慶喜の切腹」を断固として説いていることを紹介しながら、「これは西郷の本意ではなかった」と説明するのだ。この辺りのことをまた次回に説明したい。

海音寺潮五郎『江戸開城』の実証性

西郷隆盛は大久保への書状A（実物が現存する）で、徳川慶喜は絶対切腹させねばならない、と書いた。大久保もこれに賛意を示した。しかしながら、と作家で歴史家の海音寺潮五郎は力説する。西郷・大久保は慶喜に厳罰を、と周囲に説いていたが、実はもとより助命する考えであった。本意とは異なることを口にしていたのは、まさに「西郷の政治」だったのだ、と。その上で彼は、慶喜に強硬に対したのは長州藩で、薩摩藩は幕府と元来、融和的だった、と研究上の見解をひっくり返す。

そもそも、と海音寺は関ケ原にまで遡る。関ケ原の戦いに敗れた結果、毛利家は所領を三分の一以下に減らされた（百二十万石から三十六万石へ）。当然、家臣のサラリーも三分の一になった。徳川家への恨みは深い。ところが同じく西軍の一員であったのに、島津家は領地を全く減じられなかった（表高は七十七万石。加賀百万石の前田に次ぐ全国第二位の大藩だった)。徳川家への遺恨はない。

この観点から幕末の動きを見ると、徹頭徹尾、反幕で凝り固まっていたのは長州だった。薩摩の行動理念はもう少し狡猾《こうかつ》というか理知的。幕府憎しではなく、国難に対応できる新政権、幕藩体制より機能的な国造りをめざして活動していた。だからある時は公武合体の推進役にもなったし、新選組を抱える会津とも手を組んだ。その薩摩が、慶喜に厳しく接するいわれはない、と海音寺は述べるのだ。

少し話がそれる。昭和三十年(一九五五年)、マルクス主義歴史学者の遠山茂樹(一九一四〜二〇一一)ら(ほかに藤原彰、今井清一)が書いた『昭和史』(岩波新書)が大ベストセラーになった。私の母校・武蔵高校では、おなじく唯物史観の立場に立つ上原一郎先生が倫理社会の授業の教科書として用いていたので、思い出深い本である。

同書は各方面で好意的に受け入れられたが、文芸評論家である亀井勝一郎(一九〇七〜六六)は「現代歴史家への疑問　歴史家に『総合的』能力を要求することは果たして無理だろうか」(『文藝春秋』五六年三月号)という論文を書き、鋭い批判を展開した。彼の主張は、この本には人間がいない、もっと実証的であってほしい、というものであり、この論文の発表を受けて、『昭和史』をめぐる論争が巻き起こっていく。

私の大学の同僚で、理論的社会学者として著名な北田暁大さん（東京大学大学院情報学環教授）のお弟子さんに、鈴木洋仁くんという優秀な若手がいる。彼は昨年『「元号」と戦後日本』（青土社）という意欲作を世に問うたが、そこでこの『昭和史』論争に注目する。鈴木くんはいう。『昭和史』の遠山らは自らの叙述姿勢が「科学的」であると強調する。ところがよく読むと、「私たちがイメージする昭和とは戦前の昭和で、それは悪。対して戦後は善」という結論が最初からあって不動である。この意味で、実証的でない、との亀井の批判は十分な説得力を持つ。

常ひごろ「科学的な」歴史研究者を標榜している私は、このくだりに接して言いしれぬ衝撃を受けた。史料編纂《へんさん》所という堅い職場に勤務する私が立論の根拠とするものは「歴史資料」、則《すなわ》ち史料である。史料の信頼性を吟味し、エンターテインメントに重きを置いた物語や無責任な浮説を排除して、古文書や日記などに基づく客観的な歴史事実を解き明かしていく。このような手続きは、一定の訓練を受けた人ならば妥当性を共有できる（もっと砕いて言うと、誰が行っても同じ結果にたどり着く）という意味で「科学的」であり、「実証的」であると考え、疑いを持たなかった。

だが、もしも遠山の姿勢が亀井のような具眼の士をして「実証的であれ」「もっと人間を学べ、人間を叙述せよ」と言わしめるものならば、私の「科学的な」考察など、きわめて幼稚な行いとして粉みじんにならざるを得ないではないか。（なお付言すると、遠山はのちに横浜市立大学に移るが、『昭和史』執筆時には私と同じ史料編纂所員であり、信頼性の高い歴史資料に依拠することを旨としていたことは間違いない。）

実は私は、そうした反省と困惑のさなかに海音寺潮五郎の『江戸開城』を読んだ。目から鱗《うろこ》が落ちる思いがした。そうか、歴史資料に依拠するだけではない、亀井が先述した論文にいう「その先にある実証性」とは、まさにこのことか、と。海音寺は西郷隆盛という人物についての史料（たとえば書状A）を網羅的に読みこみ、彼の行動を徹底的に追いかけ、その人物像を造形していく。その結果に基づいてもう一度書状Aに立ち返ったときに、「この書面には確かにこう書いてあるけれども、それは表面的なものであって、その本意は全く反対のところにあるのだ」という解釈がはじめて可能になるのだ。

室町三代将軍・足利義満の跡継ぎをめぐって

大学で日本史を学んだとして、卒業したあとの社会人としての生活に、いかなるプラスがあるのか？　私たち大学の日本史教員は最近しばしば、そうした質問にさらされる。質問を「受ける」ではなく「さらされる」と書いたのは、そこに明瞭な悪意――時間とカネをかけて学生生活を送っても、たいしたプラスにはならないんじゃない？　という嘲《あざけ》り――が透けて見えるからだ。

英語をしっかりマスターしておけば、外国との交渉に役に立ち、世界を舞台に働ける。コンピューターを駆使できれば、もろもろの分析に活用できる。英語・PCのスキルをもつ学生は戦力として計算できる。一方で文系の諸学問、なかんずく日本史はとんだ役立たずだ。税金の助成を得る大学は「使える人材」をしっかり養成してくれねば困る。そういう意見を堂々と表明する企業経営者も少なくない。

「日本史を学ぶとは何か、どんな意味があるのか」を、歴史研究者の責務として私はずっと考え続けてきた。それはあまりに大きな問題なのでここでは触れない。けれども、いま「卒業の後に役立つスキル」という点に限っていうと、おそらく次の二点は確実に指摘できるはずだ。

一つ、「ウラを取る」姿勢を体得できる。私たちは責任ある大人として、確固たる根拠に基づいて行動しなければならない。法律であったり、統計であったり、確実な証言であったり。「ぼくがこう思ったので〜」的な、自分勝手な妄想は通用しない。データの偽造など以《も》っての外《ほか》で、なにが信頼できるソースかを見定める。そうした理性的な態度を身につけるために、日本史の学習は役に立つ。

二つ、信頼できるソースをもとに、論理を構築する訓練になる。精度は確か、と判断できるいくつかの根拠をつなぎ合わせて、そこから演繹《えんえき》し、また帰納することにより、合理的な振る舞いや見通しを導き出す。周囲に「それは合理的だ」と納得してもらえる判断や論理でなければ、ビジネスにおいても通用しない。日本史を通じて「仮説を組み立てる試み」を学習すれば、社会における多種多様な論理構築の基本を習得できる。

この二つは、あわせて実証、という営為となる。私たち歴史研究者は歴史資料、すなわち史料を「実証的に読む」ことから始まる。だがこれは言うは易く、行うはなかなかに難しい。先生や先輩に手ほどきを受けながら、信頼性の高い史料をしっかり読み解けるように修練を積む。それが大学の日本史の研究室における、第一の専門的な課題となるのだ。

室町幕府の第四代将軍は金閣の造営で有名な足利義満《よしみつ》の子、義持《よしもち》であった。応永元年（一三九四年）十二月、九歳の時に将軍職に就いたが、実権は父の義満が掌握し続けた。本コラムで強調していることだが、我が国では「地位」よりも「人」。将軍という地位は、必ずしも政治権力の所在を指し示してはいないのだ。

応永十五年（一四〇八年）五月、義満が急逝した。通常であれば、義持が名実共に幕府の第一人者になるところだが、一悶着《ひともんちゃく》があった。というのは義満は義持の八歳年少の弟、義嗣《よしつぐ》を溺愛し、様々な場面でそうした振る舞いを披露していたからである。世人は義嗣こそが兄をさしおき、義満の後継者となるのではないかと噂していた。

この事態は皇位の継承を考えれば容易に類推できる。たとえば鎌倉時代前期、八十二代後鳥羽天皇は第一皇子の土御門《つちみかど》天皇（八十三代）に皇位を譲って上皇となった。実権は皇室の家父長である後鳥羽上皇の手中にあり、やがて上皇は土御門天皇に代えて第三皇子の順徳天皇（八十四代）を立てた。その上で順徳天皇を天皇家の嫡子とした。

足利義満は強大な権力を幕府のみならず、朝廷にも及ぼしていた。その存在はしばしば上皇になぞらえられた。だから何よりも先例を重んじる公家たちは、義満が義持に代えて義嗣を将軍とし、義嗣こそ足利家の正統であると指名しても、「異例である。よろしからず」と文句を言うことはなかっただろう。

だが、義満は義嗣が元服した直後に、後継指名をしないまま亡くなった。このとき、武家では、明示されることのなかった義満の意思を忖度《そんたく》する勢力は少数派であったようだ。幕府の長老、斯波義将《しばよしゆき》が大名たちの意見をとりまとめ、義持が後継者に定まった。彼が足利家の家父長の地位について実権を掌握し、義嗣は斥《しりぞ》けられた（のち義持によって滅ぼされる）のである。

くり返すが、義満は義嗣を跡継ぎに、などとは公式には言明していない。それでも、何の地位も有していない義嗣を跡継ぎと考える人は確実にいた（『椿葉記』。この本は後花園天皇の父、伏見宮貞成《さだふさ》親王が著した伏見宮家の歴史書である）。将軍の地位が決め手ではない、何よりの証左となる。

義満の政策をひっくり返した四代・義持

室町幕府は三代将軍の足利義満《よしみつ》と四代将軍の義持《よしもち》の時に最盛期を迎えたといわれている。たしかにこの理解は、雰囲気として分かる。私もそうだろうな、と思い殊更に異を唱えない。だが、決め手となる論拠が今ひとつ乏しいようにも感じられる。

義満の時代には、外交上で天皇の頭越しに「日本国王」を名乗ってもどこからも、公家からも寺社からも指弾する声があがらぬほど、将軍権力は強大だった。これに続く義持の時期はどうか。時局を激変させる事件や戦争は起きていない。となれば、義満の時の権力がそう簡単に衰退するとは想えない。また後のことを見るに、六代の義教《よしのり》は高圧的に周囲に対していた結果として、ついには有力な守護大名、赤松満祐《あかまつみつすけ》に暗殺された。

この流れから案配するに、将軍の株は、義満の時に最高値を付け、多少下がったにせよ義持の時期はまだ高値圏で推移。その次の義教は値下がり傾向に対処しようとして結局は暴落を招き寄せてしまった。義満の最高値、義教の過度の強気と暗殺という明らかな二つの事象の中間期として、研究者たちは義持を位置づけようとしている。

ある時を計るための都合の良い史料が見つからない、ということはしばしばある。そのときには、こうした「流れ重視」の解釈、俯瞰《ふかん》による見立てが有効である。その上でいま指摘されている義持将軍の特徴は、①父・義満の政策をひっくり返した②後小松上皇と融和的な態度を取った③個人的な資質の高さ、であろうか。

①については、何より「太上天皇《だいじょう》」号の辞退を指摘できる。足利義満が死去すると、朝廷はこの公武を従えた権力者に太上天皇＝「上皇」の称号を贈ろう、と提案してきた。これは突飛《とっぴ》なことのようだが、皇族であれば先例はある。承久の乱後の混迷した朝廷をとりまとめた守貞《もりさだ》親王（乱後に即位した後堀河天皇の父）には「後高倉院」、義教将軍期に即位した後花園天皇の父・貞成《さだふさ》親王（『看聞日記』の記主）には「後崇光院《ごすこういん》」の称号が奉られた。

つまりは朝廷は、義満を天皇と同格の存在と認識していたことになる。このときに幕府がひとこと「承りました」と応えていたら、その後の公武の関係は大きく変わっていたかもしれぬのだが、義持は辞退した。

私は義満が朝廷で大きな地歩を占めるようになっていくレールを敷いたのは、二代将軍義《よし》詮《あきら》から幼少の義満を託され、彼を育て上げた細川頼之《よりゆき》であると考えている。その頼之の政治的なライバルは、斯波義将《しばよしゆき》であった。義将は頼之とは対朝廷観でも見解を異にし、武家と公家の一体化（より正確には武家による公家の制圧）を良しとしなかったのではないか。だから義持に働きかけ（前回ふれたが、義持の政権掌握の功労者が義将）、太上天皇称号の辞退が図られた。

義満と細川頼之は「武家は朝廷と一体化して、その権限を奪取する」、義持と斯波義将は「武家は朝廷と一定の距離を保ちつつ、尊重しあう」というのが基本姿勢であると想定してみると、まず②は当然のこととなる。義満と後円融《ごえんゆう》天皇は良くなかった。とくに天皇が義満をライバル視していた（寵愛《ちょうあい》する女官を義満に奪われた事件などもあった）が、義持と後小松上皇は穏やかに交わった。

また、義持は、義満の日明外交を否定した。外国と交渉する権限はモンゴル襲来の時から既に幕府が有していた（はじめ朝廷が書面で対話しようとしたが、幕府が強引に介入して武断的な外交を展開。その結果としてモンゴル軍が襲ってきた）が、それでもあからさまに天皇を差し置いて、将軍が「日本国王」を名乗ることを避けたのだろう。義満の時には恐ろしくて正面切って言えなかったとはいえ、後に義教が国交を回復しようとするとそれなりに批判の声があがっている（とくに将軍が国王を称する件について）から、潜在的な批判はやはり存在したとみるべきだろう。義持はそれに応えたのである。

義満は彼の晩年、御賀丸《おがまる》であるとか結城満藤《ゆうきみつふじ》というような寵臣《ちょうしん》（男色相手）を公的な地位に就けるようになった。彼らは義持の代になると、次々に排除されている。その仕上げが、弟である義嗣《よしつぐ》の賜死《しし》と考えられる。

最後に付け加えると、③について義持は禅宗を重んじたが、彼の禅宗理解は、たいへんに深いものであったという。この点においても、義持と斯波義将（この時期を代表する禅僧である春屋妙葩《しゅんおくみょうは》らと親しく交わり、五山禅林の整備に協力した）は響き合う関係にあったのかもしれない。

応永三十年（一四二三年）、義持三十八歳にして将軍職を嫡子の義量《よしかず》に譲った。もちろん、実権は手放していない。ところが二年後、五代義量は子のないまま病死してしまう。この時、六代目の将軍は立てられなかった。義持が政務を覧《み》ることに変わりはなかったからである。

六代・義教はくじ引きで決められた

応永三十年（一四二三年）、四代将軍の義持《よしもち》は義量《よしかず》に将軍職を譲った。とはいえ父にならい、実権は手放さなかったので、政務の総覧は依然として義持の仕事であった。ただの飾りであることが関係しているのか否かは判然としないが、義量は大酒を飲んだ。その結果として二年後、わずか十九歳で亡くなってしまう。子どもはいなかった。

この時、六代将軍は格別に定められなかった。義持が実権を握っていることに変わりはなかったからだろう。天皇位の空白は許されない。けれども、将軍位の空白は厳密には考慮されなかったようだ。天皇には二回皇位に就く「重祚《じゅうそ》」がある。重祚をした天皇はお二方。皇《こう》極《ぎょく》天皇が斉明《さいめい》天皇として、孝謙天皇が称徳天皇として、重祚した。皇極天皇の場合は、子の中大兄皇子《なかのおおえのおうじ》（天智天皇）の政治的判断による時間稼ぎが目的であった。孝謙天皇の場合は、自身の意思で一度皇位を譲った淳仁《じゅんにん》天皇を廃位し、復活している。

将軍を武家の第一人者の指標と捉えるなら、義持は六代将軍に重任、という捉え方でも良かったはずだ。皇位も、朝廷の官職も、ひとたび退いてもう一度その官に就く事はあったのだから。けれどこの時、義持は朝廷に二度目の将軍職を求めなかった。では、空白になった将軍位の獲得を目ざして、たとえば関東公方・足利持氏《もちうじ》（後に六代義教《よしのり》の討伐を受ける持氏は、すでに義持に対しても、挑戦的な態度を取っていた）あたりが猟官活動をしたかというと、そんな形跡はない。これなども、「地位ではない。血統や人物本位である」という日本の特徴が現れているといってよいだろう。

たった一人の男子である義量を失ったが、義持はこの後、後継者を格別に探し求めなかった。まだ自分が十分に若く（義量の死没時、四十歳）、そのうちに男子に恵まれるだろう。その子を跡継ぎにしよう、と考えていたという。

ところが三年後、子どもがないままに、義持は急死する。風呂の中でおできを掻《か》き破ったところ、そこからバイ菌が入って敗血症になったと推測されている。幕府の重臣たちは慌てた。まだ後継者が決まっていない。そこで虫の息の義持に尋ねたところ、「私が定めても、お前たちがその者を補佐するつもりがないなら意味がない。お前たちが話し合って定めよ」

という。そこで重臣たちは四本のくじを作り、そのくじに義持の弟たち四人の名を記した。その上で石清水八幡宮でこれを引き、くじ引きに当たった人を次代の将軍に決定することとした。

四人の弟とは、梶井門跡義承《ぎしょう》・大覚寺門跡義昭《ぎしょう》・相国寺虎山永隆《しょうこくじこざんえいりゅう》・青蓮院《しょうれんいん》門跡義円《ぎえん》である。当時、足利家はすべて摂関家なみに扱われた。皇室や摂関家、それに加えて足利家では、家を継げない男子は僧侶になり、格の高い寺（真言宗や天台宗）のトップとなる。皇室や摂関家からトップを迎える寺を門跡《もんぜき》といい、また、その寺のトップとなる人物も門跡と呼んだ。

くじの作成手順をもう少し詳しく、具体的にみてみよう。▽応永三十五年（一四二八年）正月十七日、三宝院満済《さんぼういんまんさい》という高僧が四人の名前をくじに書き、飯粒をねった糊《のり》で封をする。その上に幕府の守護大名、山名時熙《ときひろ》が封印（現在、封筒に封をする時に「〆」とか「緘《かん》」と書くようなもの。時熙の花押《かおう》＝サインを書いた）をする。▽同日の午後九時ごろ、管領の畠山満家《はたけやまみついえ》が石清水八幡宮の社頭でくじを引くため出発。二時間後、満家はくじを引いて帰ってくる。▽翌十八日、午前十時ごろ、足利義持が死去する。義持の死を待ち、前夜引いておいたくじを開くと、「青蓮院殿」と出る。

この内容は満済の日記、『満済准后《じゅごう》日記』に拠《よ》っている。当然、満済とは何ものか？ということが問題になる。彼は醍醐寺三宝院の門跡。先に皇室や摂関家からトップが入るのが門跡、と説明したが、三宝院だけは特別であった。南北朝時代、三宝院の院主であった賢俊という僧侶は、室町幕府初代の足利尊氏に命がけで仕え、厚い信頼をかちとった。そのために三宝院は格が上がって門跡に列せられ、門跡のとりまとめ役となった。

足利義満はこの三宝院の後継者として、自分が寵愛《ちょうあい》していた若き日の満済を配した。満済は大納言止まりの今小路家の出身だから、大抜擢《ばってき》である。前号で書いたとおり、足利義持は父が抜擢した人物を次々に排除した。だが、なぜか満済とだけはウマがあったようだ。はじめはあくまでも仏事について諮問していた義持だが、やがて政治向きのことまで満済に相談するようになった。それに的確に応じた満済は政治的発言力を得て、諸大名に対しても影響力を行使するようになった。とりわけ彼と懇意にしていたのが、幕府の宿老であった畠山満家と山名時熙であった。……さてこの状況を頭に入れ、もう一度先のくじ引きの様子を吟味してみよう。

権力者は往々にしてウソをつく

室町幕府四代将軍・足利義持《よしもち》は後継者を定めないまま、守護大名たちに「お前たちで相談して決めろ」と言い残して没した。このことを当時の室町幕府の政治構造、将軍と守護大名の権力の解析に利用する研究者がいる（たとえば中世史研究の泰斗・佐藤進一先生）が、ぼくは不適当だと思う。男子ができなかったのが残念で、気分も極限にすぐれない。そうなったら「あとはスキにしろ」くらいは、いかにも言いそうだからだ。

ちょっと異なるけど、たとえば企業トップを巡る人事抗争。熱心に推していたAさんが早々に脱落して、残るはBさん、Cさん、Dさん。Aさんじゃないなら、誰でもいいや。会社に貢献する気持ちはいずれ復活するとして、当座はすべてが億劫《おっくう》な気持ちになりませんか？

だから、問題にすべきはそこではないと思う。義持が後継指名をしない結果、彼の弟たち四人が候補となってくじ引きをした。そのくじ引きは本当に公正に行われたのか、という点こそを吟味しなくてはならない。

先に書いたように、室町幕府はこの頃、なかなかの勢力を誇っていた。大名たちに将軍として奉られれば、様々な権限を振るうことができる。ぼくはこのコラムで「地位より人」と書いているが、候補者はみな足利義満《よしみつ》の子どもで、血統は申し分ない。となると、誰が足利家の新当主として選ばれ、ついでその表象として地位を手に入れるか。このとき、候補者も大名たちも、「運まかせ」で納得するものだろうか？

候補者の一人の大覚寺義昭《ぎしょう》という人物はあとになっても将軍になりたくて妙な動きを示し、結局は将軍・義教《よしのり》の命で殺されている。幕府トップの地位を望む人はいただろうし、彼を担いで権力に食い込みたい大名・貴族もいたはずである。そうした状況で石清水八幡宮でくじを引き、「神のご意思に委ねます」？　そんなことがあるのかな？　ぼくには到底、納得できない。

率直に言って、六代将軍決定のくじ引きは「八百長」だった。ぼくはそう思う。この考えを公表したところ、高名な歴史学者である今谷明先生からは、名指しこそされなかったが、

「当時の日記に明記してあることに従わないとなれば、『実証史学』とは呼べない」と批判された。今ならさしずめ、「それは陰謀史観だ」というところだろうか。

だがここで、以前から書いている「実証主義への疑義」を思い起こさなければならない。権力者は往々にしてウソをつく。たとえば源頼朝は既存の権力、上皇や朝廷や大寺社に対して、常に慇懃《いんぎん》に振る舞っていた。尊敬しております、けっして逆らったりは致しません。そう言いながら、彼らの目の届かぬ関東に着々と新しい「武士の権力」を構築していった。

残された史料だけを単純に、字面だけ読むならば、頼朝に「独立の野心」など微塵《みじん》も感じ取れない。だが明治以来、歴史学の先達たちは、字面に騙《だま》されぬように頼朝の真意をくみ取り、鎌倉幕府の成立に大きな評価を与えた。だからこそあの時代を「鎌倉時代」とも名づけた。

実証主義とは、浅い史料の読みに凭《よ》りかかる研究態度では決してない。くずし字や和風漢文が読めないのは問題外（でもそのレベルで研究者を名乗っている人が大勢いるのが現実なのだが）として、たとえば古文書なら文書の分類・形態に留意し（この行為を扱う古文書学は未完成なので、自分でこの学問分野を開拓する必要がある）、古い日記や手紙の類いであれば、まさに「眼光紙背に徹する」読み方をしなくてはならない。

明神下の（銭形）平次でも有名な神田明神、それに日本武道館の氏神である築土《つくど》神社。祭神はともに平将門である（但《ただ》し両社ともに主祭神ではない）。平安時代は荒野であった関東地方の住人たちは、拙いながら新政権樹立を目ざした平将門の伝説を語り伝え、その夢は頼朝のもとで漸《ようや》く「かたち」になった。最近では史料の表面をむしろ重視し、鎌倉幕府は朝廷に従属する、地方の小軍閥にすぎないという解釈も出ているが、ぼくはそれには反対である。

そうしたぼくを勇気づけてくれるのが、徳川家康の存在である。家康は鎌倉幕府の正史『吾妻鏡』を熟読した人物で、上方から江戸に、新政権の所在を移した。大坂の豊臣家、西国雄藩、加えて公家の動向をふまえ、その上で老練な彼は江戸へ向かう。当然、豊臣秀頼に従うつもりも、朝廷の支配下に入る気もさらさらない。その家康は『吾妻鏡』を読むときに（もちろん、側近の学者のサポートを得て）、頼朝の行動に「独立の気概」を感得していたに違いない。机上の空論をもてあそぶぼくら一介の研究者と、ナマの政治の世界に身を置いた家康と、どちらが『吾妻鏡』を深くしっかり読めるかは、比べものになるまい。史料を「実証的に」「読む」というのはそういう行為なのだ。

貴族・僧侶の日記は「他人に読ませるもの」

読者の中には日記を付けている方が、少なからずいらっしゃるだろう。お尋ねしたい。書くのは本当のことだけだろうか？　いや、積極的にウソは記さないにせよ、あえて「書かない」ことはないか？　万が一にも人に見られてはまずいから、書かずにおこう、という判断のもとに。人は誰しも、墓場まで持って行く秘密の一つや二つ、抱えているように思うのだが、いかが。

かくて日記には、積極的にせよ消極的にせよ「本当でないこと」が混入する。貴族や僧侶が書き残した古い日記を「古記録」と呼ぶが、古記録ならば尚更《なおさら》である。というのは、私たちの日記は、原則「他人に読ませぬもの」。対して古記録は、原則「他人に読ませるもの」だから。

どういうことか、説明が必要だろう。貴族の儀式や行事、僧侶の法会などは、手順が実に煩雑であった。その前提のもと、煩雑な式次第なり行事費用の捻出などを難なくこなせる人ほど、「あの人は優秀だ」という称賛の対象になった。そのため貴族や僧侶は、子や孫のため、弟子のため、自分の経験を細大漏らさず書き記し、「これをよく読んで、頭にたたき込め。そうすれば事に臨んで滞りなく振る舞える」と教育を施したのだ。

こうした事情があるため、たくさんの儀式に関与した貴族・僧侶の日記は、家の宝であり、寺の宝となった。子孫や親しい人たちが日記を熟読した。家のために活用されることは、日記の記主の本望であった。つまりは古記録は、「他人の閲覧」を前提として書かれたのだ。

これらを踏まえて、さて、六代将軍を決めるくじ引きである。名前を書いた四本のくじを作ったのは三宝院満済《さんぼういんまんさい》。それを手伝ったのは山名時熙《ときひろ》。くじを引いたのは畠山満家《はたけやまみついえ》。場所は石清水八幡宮。くじ引きが公正に行われ、「青蓮院殿《しょうれんいん》」と書かれたくじが引き当てられた、と日記に書いたのは満済。ということは、危険を冒す覚悟があれば、満済一人でも「義円《ぎえん》当選！」の八百長はできる。満済と時熙と満家と石清水八幡がグルであったら、他に漏れないパーフェクト・ゲームである。これはけっして「陰謀史観」ではない。

満済の日記を読んでいくと、当時の幕府の宿老というと、畠山満家と山名時熙の二人。彼らの意見は幕府政治で重んじられ、また満済との仲が円滑である。こののち義円が足利義教《よしのり》として幕政に臨んだとき、他の守護大名にはことのほか厳しい態度を取ったこの将軍が、満家と時熙の言うことにはキチンと耳を傾けた。この状況から、彼ら二人は満済と気脈を通じていた可能性が高いように思える。

くじ引きの場所として石清水八幡宮が選ばれている。この史実もどうもきな臭い。というのは、この時期に、石清水の神官と満済との接触が多く日記に記されているからだ。また満済の三宝院門跡は京都で有力な◎三条坊門八幡宮（三条八幡宮とも）、◎左女牛《さめがい》若宮八幡宮（六条八幡宮とも）、◎七条八幡宮、◎丹波の篠村八幡宮（敵は鎌倉幕府！と足利高氏《たかうじ》が宣言したところ）など、多くの八幡宮を支配下に置いていた（『醍醐寺文書』）。八幡勢力の大本山、石清水八幡宮と醍醐寺三宝院の密接な関係がうかがい知れる。

なぜ醍醐寺三宝院という真言宗の「寺院」と、「神社」である石清水八幡宮との密な交わりが生じたのか。教義からはどうにも説明が付かない。一つだけ、室町将軍家の奥向き、女性の世界における連関が想起できる。三代足利義満《よしみつ》の生母は、石清水八幡宮の社家の娘である紀良子《きのよしこ》であった。また四代義持《よしもち》の生母は、三宝院の坊官（坊官は高い地位にある僧侶に仕える人々。身分は僧侶で、僧形をしているが、妻帯して地位を世襲する）の娘。つまり将軍家の姑《しゅうとめ》と嫁の関係が、石清水と三宝院の関係に繋《つな》がる。しかも義持を生んだ女性が他に生んだ男子は義円のみ。ここに満済が義円に肩入れする一因があるのだ。

このように見ていくと、くじ引きの仕込みの主犯は、三宝院満済をおいて他にあるまいとぼくは思う。彼は満家と時熙を抱き込み、万が一何かあってもすぐに対処のできる石清水八幡宮を場所として選んで「くじ引き」を行った。おそらくは四本のくじにはすべて「青蓮院殿」と書いてあり、その一本を満家が引く。義持の没後にくじを開いてみれば、当然、義円の名が。その顚末《てんまつ》を満済は周囲に披露し、「他人が読む」日記にも明記した。将軍の座に就いた義教は「准后《じゅごう》」（太皇太后、皇太后、皇后を三后と呼び、その三后に準じる人を准三后、略して准后と尊称する。つまりは皇族扱いである）の地位を満済に与え、労をねぎらった。

かくて「満済准后」による『満済准后日記』の呼び名が誕生し、その記事を読んだ「実証を重んじる」研究者たちは、「くじ引き将軍」と義教を呼称するようになった。まんまと満済の術数に嵌《は》まっているのである。

中世の日本人の神仏観

三宝院満済《さんぼういんまんさい》が六代将軍選定のくじ引きにおいて、八百長をしたかどうか。それはどうでもいいような事件にも思えるが、実は日本人の精神と関連がある。それは当時の人々の「神仏観」、神仏の実在の問題である。満済がもし八百長を仕掛けたとすると、その場所として選ばれた石清水社の八幡神に対し、大変な失礼を働いたことになる。そんな不敬が許されるのか、という疑問が生じてくるのだ。

この問題についての日本史研究者の基本的な態度は、「ふれない」「深く考えない」であろう。当時、進んだ地域の村落では、村民による一定の自治が展開していた。この時、村民の紐帯《ちゅうたい》になったのが、村落を守る神社だった。神社の祭祀《さいし》を司《つかさど》る組織は村落を運営する組織と基本的に同一の階層性を有した。村落の有力者は神社の建物の上座を占め、零細な農民には正式な座を設けること自体が許可されない。神社が村落の運営組織の上下関係に正当性を与えてくれたのである。

しかしそれは、村民たちが本当に神への信仰を持っていたのか否かということとは別の問題となる。もしかしたら村民たちはきわめて「乾いた神仏観」を持ち、一定の敬意はもちろん払うけれど、神を利用していただけかもしれない。いや、そうではなくて、本当に神の実在を信じていて、たとえば神の与える神罰などを極度に畏れていたのかもしれない。こうした、中世の人々の精神を解き明かす研究は、あまりない。

後白河上皇が編んだ『梁塵秘抄《りょうじんひしょう》』に次のような有名な今様《いまよう》（平安時代の流行歌謡）がある。「仏は常にいませども、うつつならぬぞあわれなる、人の音せぬ暁に、ほのかに夢に見えたもう」。仏は本当にいらっしゃるのか？　との問いかけがなければ、このような歌は成立しない。つまり早くも平安時代には、神仏の実在への疑念が存在したのだと思うが、歴史研究はこの問題に正面から挑もうとしていない。

戦国時代の宣教師のレポートに、日本人ほど道徳心に満ちた国民を見たことがない、彼らは「お天道さま」に恥じない行為をすべし、といつも己を戒めている、というものがある。なるほど誇らしいことに、私たちのご先祖さまは戦国の昔から、たいへんに自律的な生活を送っていたことが確認できる。

でも、何か特定の神を信仰していたわけではないらしい。「お天道さま」というような、人間存在を超越した漠然としたものを念頭に置いていた。この「天」という意識は日本では茫漠《ぼうばく》としているが、中国の「天」は、天帝という個別具体的な神を指すのだという指摘を、溝口雄三先生の放送大学の講義で学んだ記憶がある。

現代の私たちは、お守りをゴミ箱に捨てられるか、という興味深い調査がある。お守りの有効期限は一年で、一年を過ぎたお守りは神社に納めるのが正しい扱いである。だが、そうしている人はさほど多くない。では、いわば神の加護を失ったお守りをゴミ箱に捨てられるかというと、それができる人はごく少数である。何となくではあるが、不敬な気がするから。それで結局、お守りはいつの間にやら「捨てる」というはっきりした意思のもとではなくて、うやむやのうちに処分されているという。この「何とはなしの敬意」をどう解釈するかは、宗教学の領域になるので深入りしない。

ここで少し発想が飛躍するようだが、武内宿禰《たけしうちのすくね》の事績に言及してみたい。この人物は『古事記』『日本書紀』に登場する。景行・成務・仲哀《ちゅうあい》・応神《おうじん》・仁徳の五代の天皇に仕えた伝説上の忠臣であり、かつてはその忠義を大いに見習うべしということで、紙幣に肖像が載せられていた（歴史上の人物としては、神功皇后《じんぐう》、菅原道真についで三番目に採用された）。応神天皇の九年、武内宿禰は天皇の命で筑紫へ遣わされた。その時、弟の甘美内宿禰《うましうちのすくね》が兄を排除しようとして、天皇に讒言《ざんげん》した。武内宿禰は危うく殺されそうになったが、なんとか朝廷に戻り弁明した。天皇は二人のどちらが正しいかを盟神探湯を以《もっ》て決することに定めた。

盟神探湯は「くかたち」と読む。探湯、誓湯とも書く。まず対象者に神に潔白を誓わせた後、探湯瓮《くかべ》という釜で沸かした熱湯の中に手を入れさせる。そうすると、正しい者は火傷《やけど》せず、虚偽を犯した者は大火傷を負うことになる。武内宿禰はみごとこの盟神探湯で無実であることを証明し、このあとも朝廷第一の臣として仕え続け、三百歳前後の長寿を全うして没したとされる。

さて、この盟神探湯であるが、ぼくの知る限り、平安時代には見ることができなくなる。鎌倉時代にもない。ところが室町時代に入り、突如として復活する。ただし、この時は名前が変わり、「湯起請《ゆぎしょう》」と呼ばれた。この湯起請と神仏の実在について、次回考えてみたい。

家康は神仏への約束を踏みにじった

前回、湯起請《ゆぎしょう》という裁判方法を書いた。古代の盟神探湯《くかたち》の系譜を引くもので、裁判の当事者となっている者Aに、ぐつぐつ煮立った熱湯に手を入れさせる。Aが真実を語っていれば、やけどはしない、やけどをしたら、Aはウソをついている。裁判を行っている者はそう判定し、周囲も納得する。

神代なり古代の昔ならいざ知らず、室町時代に湯起請が本当に成立し得たのか。ぼくには、到底、納得がいかない。いかなる神や仏に守護されていようとも、熱湯にまともに手を突っ込めば、大やけどをするはずだ。けれども史料を見ると、湯起請は間違いなく応永・永享年間（室町幕府最盛期といわれる足利義満《よしみつ》・義持《よしもち》・義教《よしのり》の時期）に行われていた。となれば、そこにはどう見ても、八百長が介在しなくてはおかしい。

熱湯だといって実はぬるま湯だったとか、やけどを負うことを恐れるAに罪の自白を迫るとか。ともかく「熱湯に手を入れれば、神仏に関係なく、焼けただれる」ことを理解している人が相当数いて、そのことを裁判に利用している。そう考えなければ、歴史解釈は科学ではなく、オカルトになってしまう。

南北朝時代から盛んに用いられるようになった文書に、起請文《きしょうもん》がある。これは神仏への誓いを記す文書で、まず、自分が守り行うべき内容を明記する。この部分を「前書《まえがき》」という。ついで、それに違背した場合に神仏の罰をこうむることを記して、罰を下す神仏の名を具体的に列記（梵天《ぼんてん》・帝釈天・八幡大菩薩……など）する。この部分を「神文《しんもん》」という。神仏の名にかけて、私は以下のことを間違いなく遵守《じゅんしゅ》する、という文書なのだ。

武将が書いた起請文、というと、ぼくは徳川家康を想起する。豊臣秀吉が没する頃から、家康は起請文を少なからず作製した。「前書」に書かれた内容は、要するに「私は秀吉の遺志に従い、秀頼を支える。秀頼に忠節を尽くす」ということである。

秀吉が没するまでの家康は「律儀者《りちぎもの》」で通っていた。彼は織田信長との間に軍事同盟である清洲同盟を結び、かたくななまでにこれを維持し続けた。具体的には畿内へ進出する信長の背後を守り、西進してくる武田信玄・勝頼の攻勢を防いだのである。私たちは信長が天下人になった歴史的な結果を知っているから家康の役割を軽視しがちだが、武田家の猛攻を阻むのは、困難をきわめたはずだ。ここで家康が同盟を破棄して武田と結んだらどうなったか、と思わせるタイミングもあったし、家康の嫡子（岡崎信康）と正妻（築山殿）は武田への内通の嫌疑で命を奪われた。それでも家康は信長に従った。彼が「律儀者」とされた所以《ゆえん》である。

だが、秀吉の没後、家康は「律儀者」の仮面を脱ぎ捨て、天下取りに邁進《まいしん》する。かつて秀吉は戦いにつぐ戦いでライバルを倒していき、いつの間にか織田家の天下を奪った。それを見習うように大きな戦を仕掛けてそれに勝つことによって、豊臣家の天下を盗み取ったのである。まさに「戦いが王を作る」（ヘラクレイトス）であり、革命は血を欲するのだ。西郷隆盛・大久保利通が明治維新を成す際に、幕府勢力との戦いを求めたのも同じ理屈を用いて説明することができよう。

かくて家康は関ケ原の戦いを起こし、天下人となった。このとき彼は、起請文の内容を反《ほ》故《ご》にするのに、全く躊躇《ちゅうちょ》しなかった。彼は神罰・仏罰を恐れてはいなかった。おそらくは家康は、神仏の実在を信じてはいなかっただろう。前回にふれたように、私たち現代の日本人は神への敬意から、期限切れのお守りをゴミ箱には捨てられない。それくらいの気持ちは持っていたとしても、家康は神仏への約束を平気で踏みにじったのである。

戦前の大学者、内藤湖南先生は「現代の日本を知るためには、応仁の乱以降を学べば十分だ」と言った（大正十年八月史学地理学同攻会講演）。応仁の乱ごろの日本人と、大正の日本人のメンタリティは本質的には変わっていない、との謂《い》いであるとぼくは受け止める。

応永・永享期に復活する盟神探湯。起請文を守らぬ徳川家康。それに内藤湖南の指摘。これらを総合的に考えるなら、ぼくは三宝院満済《さんぼういんまんさい》は「足利義教の擁立」という目的のためには、八百長を行うことができただろう、と考える。石清水八幡宮の神前で行われたくじ引きにおいて、宗教者である満済は、神の名を平然と利用したのだ。そして日記には偽りを叙述して読む人を欺いた。室町人は既にこうした「狡猾《こうかつ》さ」を獲得している。それを念頭に史料に向き合うことが、本当の意味で「史料を読む」ことであり、実証的な態度なのだとぼくは思う。それから嫌われるのを覚悟の上で指摘するなら、最近の歴史研究者の史料読解は、先達たちに比べてみると、残念ながら底が浅いように感じられてならない。

古文書や古記録が言及しない史実はある

ネットに実に面白い記事があった。『中世の残酷な裁判が、実は極めて合理的だった理由』（ダイヤモンド・オンライン二〇一八年八月三日配信分）。このコラムで取り上げた「湯起《ゆぎ》請《しょう》」（神に誓いを立て熱湯に手を入れる。ウソついてると大やけどするが、真実ならやけどしない）と同じ「神明裁判」がキリスト教世界でも広く行われていたという。

経済学者のピーター・リーソンという人は、十三世紀ハンガリーの教会の記録を調べた。ここでは、熱湯ではなく、熱した鉄棒が用いられたようだ。裁判件数は三百八件。このうち百件は、事前に「打ち切り」。残りの二百八件では、被告は司祭によって教会に呼び出され、人々が見守るなか祭壇に上がり、熱した鉄棒を握った。やけどを負えば、被告はウソをついている、ということで有罪になる。

さて、このときやけどしたのは何人か？　鉄棒はとりあえず、真っ赤に焼けたものだ。そりゃあ、みんなやけどするだろう……。ところが、七十八人しかやけどしなかったそうだ。残りの百三十人は無傷だった。なぜだ？　なぜ、やけどしない？　そこでピーター・リーソンは答える。「司祭の細工があったから」

焼けた鉄棒を握ったらただではすまない。それで、百人は自らの罪を認めて、事前に退場した。残りのケースでは言い分に耳を傾け、司祭は正しいか否かを判断する。正しい（であろう）ことを言っている人には、司祭は熱していない鉄棒を握らせる。ウソをついている（らしい）人には焼けた鉄棒を。それが、この数字から読み取れる。

ということは。十三世紀のハンガリーには、それなりに「素朴に神を信じている」人が存在した、ということになろう。ウソを言っていない人のうち、結構な数の人が「神はお守り下さる」と信じて鉄棒を握った、ということだ。また、かなりの数の人が「まずい。神はオレのウソをお見通しだから、前もって自白しておこう」と事前に降りた、ということかもしれない。ただし、「神とか関係あるか。焼けた鉄棒なんか、握れるわけないだろう」と考えて退場した人がいた。そして皮肉なことに、もっとも神を信じていなかったのは、神に仕える司祭だった！　ならば、十五世紀の日本で、仏に仕える三宝院満済《さんぼういんまんさい》が「神仏を信じていなかった」としても、奇異とするに足るまい。

史料の字面だけを追うな、と説く記事が、もう一つあった。井沢元彦さんの『山本勘助と真田幸村。時代劇のスターは歴史学では厄介者？』（WEB歴史街道二〇一八年七月五日公開）。井沢さんは指摘する。「歴史学者は頭が固い。史料に山本勘助の名が見当たらないので、そんな人物はいなかった、としていた。ところが彼の名が記された文書が発見されたとたん、手のひらを返したように、勘助は実在した可能性が高い、といい出した」

真田幸村についても同じことが言える。文書に見える彼の名は「信繁」であるからと、先の大河ドラマ『真田丸』では「真田信繁」説を採用した。けれども、大坂城に入城するとき、信繁が幸村と名前を変えた可能性があるじゃないか。真田家は「幸」の字を大切にしていて、家を継ぐ兄は「信幸」、弟は武田信繁（兄・信玄を支えた「弟のかがみ」。真田家は戦国大名・武田家の家臣だった）にあやかって「信繁」を名乗った。だが関ケ原の戦いのあと、信幸は「信之」に改名した。ならば、兄とはっきりと袂《たもと》を分かって大坂方につくに当たり、信繁が「幸村」と名乗ったと考えてもいいだろう。でも、いわば「実証バカ」の歴史学者はかたくなに「信繁」だと言い張って譲らない。

井沢さんは常々、「おまえたちは実証史学ができていない」と小説家や脚本家たちを見下す歴史学者を批判している。文書や日記に記されない史実だってあるのだから、実証がすべてではないし、実証的歴史学者がえらそうにするのはおかしい、と。

ぼくは山本勘助は実在していない説だし、幸村ではなく信繁と考えるが、しかし井沢さんの批判は当たっていると思う。「今日は歯を磨いた。風呂に入った」とわざわざ日記に書かないように、文書や日記が言及しない事実はあるのだ。まさに「イヌが人をかんでもニュースにならず、人がイヌをかんだらニュースになる」のであり、文献だけに囚《とら》われていては「イヌが人をかんだ」ことを見逃す危険がある。この意味で実証史学はオールマイティーではないし、たかが数年の修業で古文書や古記録に親しんだからといって、他ジャンルの人を素人よばわりするなど以《もっ》ての外《ほか》ではないか。

井沢さんは歴史分析の鋭さで多くの読者を獲得している。ぼくたちはその立論のありように学ばねばならない。また真田幸村が幸村として江戸時代に人気を博したことからすると、ドラマの主人公を務めるときの彼は、幸村の方が良かったのではないかなあ、と思っている。

第2章　秀吉の天下統一まで「日本人」という意識はなかった

朝倉敏景の「越前第一主義」

朝倉敏景《としかげ》（一四二八〜八一）は越前守護・斯波《しば》家の重臣であった。朝倉家は妙な家で、一門の中に同じ名の人物がいる。たとえば敏景は一時「教景《のりかげ》」を名乗るが、彼の父や祖父も「教景」を称した時期があった。

敏景は孝景《たかかげ》とも称し、これが彼の名として使われることが多いが、曽孫《ひまご》も「孝景」（織田信長と争った朝倉義景の父）なので、本コラムでは敏景と呼ぶ。

彼は応仁の乱の動乱を利用して斯波家から独立。実力で越前一国をほぼ制圧し、戦国・朝倉家の基礎を作った。下克上を果たした人物であり、戦国大名第一号と考えることもできる。

越前国内にある貴族や寺社の所領を支配下に収めたため、既得権益に依拠していた旧来の支配者層には蛇蝎《だかつ》の如《ごと》くに忌み嫌われた。貴族の一人（先の権中納言、甘露寺親長《かんろじちかなが》という人物）は、日記に「天下悪事始行の張本」と記している。さらに彼の訃報に接して「越前の朝倉孝景が死んだという。あいつは『天下一の極悪人』であり、その死は『近年まれに見る慶事』である」とまで記している。

敏景は十七条の家訓を遺《のこ》している。本当に彼が作ったものかどうか、疑問の余地があるそうだが、第一条「わが朝倉においては、重臣を（世襲で）固定してはならない。あくまでも、その人物の才能と忠節とによって任命すべし」をはじめ、いかにも実力を重視した彼が言いそうなことが記されている。

第四条「名品の刀や脇差しを愛好するのは、ほどほどにしておけ。なぜかというと、たとえば一万疋《びき》（いまの一千万円くらい）の刀を持ったとしても、（同じ価格で買える）百疋（十万円）の槍《やり》百本には勝てないからだ。一万疋の金があって百疋の槍百本を買い求め、百人に持たせたら、戦いの時に一方を防禦《ぼうぎょ》することができる」。なるほど、たしかに。いや二〇一七年、目の玉が飛び出るような高値で刀剣を購入しようとした自治体があったように記憶しているが……。

第十三条「勝てる合戦、落とせる城を前にして、吉日を選んだり（出兵の）方角を考えるなどして、ぐずぐずして戦機を逃すのは甚だ口惜しいことだ。日柄が良いからと大風に船を出したり、（方角が良いからと）大勢に一人で立ち向かうのでは意味がない。場所・日柄が悪くとも、細かに観察して、ひそかに状況を勘案し、臨機応変にはかりごとを重んじれば、必ず勝利を得ることができる」

よく小説やドラマで「軍師」が活躍していたので、日本には「軍師」なんて存在しませんよ、と指摘した。そうした声が届いたせいか、今度は「軍配者」なる者が出てきた。戦いに際して吉凶を占い、陣立てなどに助言する存在だそうだ。すでに戦国時代が始まる時に、朝倉敏景は「まじないみたいなのはダメだ。合理的に事を運べばこそ、戦いに勝つことができる」と喝破している。歴戦の武士は、「神頼み」の愚かさを知っているから、「軍配者」の出る幕はないのではないか。もっとも、太平洋戦争の末期には、神風が吹くと言われたそうであるが。

だが問題は、きわめて「合理的な」判断をする敏景が、こうも言っていることなのだ。第十一条「さほど困っていないなら、他国の浪人を右筆《ゆうひつ》として用いてはいけない」

右筆は文書を作製する役。だから、文書行政、広く内政に携わる者、と捉えることができる。つまり、内政のような重要な仕事には、かりに才能があったとしても、他国の者はタッチさせるな、というのだ。ここには強烈な「越前第一主義」が反映されていて、他国の者は信用あいならん、という意識が見える。そうなると、第一条で「才能と忠節とで重臣を登用しろ」と言っているが、これはおそらく「越前の人の中で」と条件を限定して読むべきだろう。

こう見ていくと、どこの馬の骨か分からぬ羽柴秀吉、明智光秀、滝川一益らを抜擢《ばってき》した織田信長の特異性を改めて知ることになるが、幕末においてしばしば顔を出す「他の藩の人は信用できない」感覚もあわせて、戦国時代には「〇〇国」を単位とするまとまりができていた、という理解は妥当であろう。

藤木久志先生は、上杉謙信は毎年のように国境を越えて関東地方に出兵していたが、これは越後の国土が貧しいので、食料を略奪するために出かけていったのだ、と説いている。その説の当否は措《お》くとして、この考え方は「おれたちは越後人だ」「おれたちは仲間だ」「国境を越えて上野《こうずけ》へ打って出るが、上野の奴らは敵だ。食い物を奪え。女・子どもは捕虜にしろ」という感覚がなければ成り立たない。越後と上野の民が協力して、「いつもおれたちを戦場に駆り立てる謙信とかいう大将をやっつけようぜ」とはならないのだ。

このことを踏まえて、人々の集団意識と神や仏の関係を、次回に考えてみたい。

安芸国の国人一揆での「日本」

ぼくは「日本」という統一された国家ができあがったのは、実質的には豊臣秀吉の天下統一以降であると考えている。それまでは「天皇が統治する『日本国』」というイメージがあったにせよ、それは机上のものである。また、そうした認識を持っていたのは京都の貴族たち、ごく一握りの知的エリートだけである、と思っている。

だが先日、井上章一先生（国際日本文化研究センター教授）と対談したときに、井上先生は次のように反論された。「本郷さんがたとえば鎌倉武士のような人たちには、『我ら日本人』という意識が希薄だった、と考えているのは承知している。ではなぜ、モンゴルが攻めてきたときに、武士たちは優勢なモンゴル軍と果敢に戦ったのか。モンゴル軍に寝返るような武士は、一人もいなかったではないか」。うーん、これは困った。

たしかに鎌倉武士はだれ一人、仲間を裏切らなかった。でもそれは「おれは日本人だ」という意識からなのか。実際に博多湾周辺で戦ったのは、九州に所領を持った武士たちだったから、「ここでこいつらを防がなければ、おれの家族や財産を守れない」と考えたからではないのか。いってみれば「愛国心」ではなく「愛郷心」に結びつけて考えた方が良くはないかと思うが、我ながら効果的な反論でないことは認めざるを得ない。とりあえず元寇《げんこう》の際の武士の意識は今後の課題とすることとして、先週の続きにいこう。そこで確かめたように戦国時代の人たちは、自分が「○○国」（今でいう県）の人間であると強烈に意識していたらしい。

六代将軍のくじ引きより二十四年前の応永十一年（一四〇四年）、安芸国《あきのくに》（広島県の西半分）の有力武士（これを「国人《こくじん》」という）たちは一揆して文書を作成した。一揆は「揆《き》を一にする」、心を一つにするという意味で、室町時代以降、武士や農民は「国人一揆」「徳政一揆」や「土一揆」など、一揆を組んでより力の強い存在に向き合った。

この応永十一年の安芸国の国人一揆では「だれかが理由もなく根本の所領を取り上げられたら、みんなで抵抗すること」「合戦になったらすぐに馳《は》せ着け、ともに戦うこと」など五か条が誓約され、もしこの誓いを破ったならば「日本国中大小神祇《じんぎ》、とくに厳島《いつくしま》大明神」の罰があたることとされ、小河内妙語ら三十三人の署名がズラッと並ぶ。

ぼくの師匠である石井進の解説（『日本思想大系』のうち『中世政治社会思想〈上〉』、岩波書店）によると、前年に山名満氏（このコラムに出た山名時熙《ときひろ》の一族）が新しい守護に任じられていて、国人たちは彼に対抗するために一揆を結んだのだという。実際に山名満氏は三十三人のうちの一人、平賀弘章と戦うことになり、国人たちは約束通り平賀に助力。三年にわたる長期戦の末に満氏は敗北し、国人を統制できなかったことを咎《とが》められて、守護を罷免された。

この例で見られるように、武士たちにとっての活動の場は、なんといっても自身の生活する「安芸国」であった。京都の室町政権の政治・経済の施策が、守護を任命するなり、兵を集めるなり、税金をかけてくるなり、みな「国」を単位として行われる以上、それは当然のことであった。その積み重ねの結果として、国人たち、また国人の支配に服する者たちも、「我々は安芸国の人間である」との自意識を持つようになるのだろう。

興味深いことに、この文書には右に記したように、誓約に背いたら「日本国中」の神様の罰を受けるという文言がある。「日本」が記されてはいるのだ。だが、それは「かたちだけ」。「安芸国」のような現実味はないのではないか。同様に、ここで三十三人の行動を強く拘束しているのは「明日は我が身」、相互扶助の精神であろう。「必ずおまえを助けに行くから、おれがやられたら頼むぞ、約束したからな」という切迫感であって、漠然とした「神さま、仏さま」は「決まり文句」にすぎぬように感じられてならない。

なお、三十三人の国人のうち、一揆の首謀者は毛利光房という人物であると目されている。彼の子孫こそは毛利元就。安芸国をまとめる戦国大名となり、中国地方の覇者となる人物である。彼は山陽地方の覇者となった弘治三年（一五五七年）、三人の子どもに「兄弟が仲良くすることこそ毛利家繁栄の要訣《ようけつ》」とする「毛利三本の矢」のエピソードのもとになる文書をしたためている。なぜ「兄弟仲良く」が必要か。それは「毛利家のことを良かれと思う者など、他国は言うまでもなく、当国、安芸国にも一人もいない」から。家臣をまるで信じない冷静な観察眼には驚かされるが、その元就ですら、安芸を「当国」とする意識からは抜け出していない。たしかに彼は、領国がどんなに広大になっても、本拠は一生、安芸国の吉田郡山城から移さなかったのである。

鎌倉時代に「幕府」という言葉はなかった

ぼくたち研究者は考えることが仕事である。歴史資料を上っ面だけ読んで、それで実証だ、という手合いが多すぎる。もっと考えなくてはだめだ、と本コラムで説いてきた。ただし闇雲に考えればいい、というわけでもない。やはり「筋の良い」考察と、どうにも変なところに行きそうな「筋の悪い」考察とがあり、「筋の悪い」考察を始めそうな学生がいたら、「こらこら」と肩を叩《たた》いてあげることこそが大学教員の役目であるとぼくは思っている。禅のお師匠さまは、弟子が「野狐禅《やこぜん》」(ひとりよがりな悟りを自称する、間違った禅)に陥らないよう、適宜導きの言葉をかけるという。まさに、それである。

筋の良くない考察の見本を一つ挙げておこう。承久三年(一二二一年)、京都の後鳥羽上皇は鎌倉幕府を伐《う》て、と呼びかけた。ところが武士たちの多くは上皇の指令に従わなかった。関東の兵は各所で朝廷軍を打ち破り、京都を落とした。上皇は囚《とら》われて隠岐島に流された。この事件を承久の乱と呼ぶが、官軍が賊軍に敗れた唯一の事例（皇族同士の戦いである壬申の乱は除く）となる。

さて、上皇は鎌倉幕府を伐て、と号令したと書いた。それは具体的にはどのように行われたかというと、官宣旨《かんせんじ》なり院宣《いんぜん》という文書が作成され、配られたのである。そのとき、文言としては「北条義時《よしとき》を討伐せよ」と記された。このことを以《もっ》て、上皇は「鎌倉幕府を否定した」のか、それとも「北条義時だけを血祭りに上げれば良い」と思ったのか、と考えている研究者がいる（手っ取り早く確かめるにはウィキペディアを見て確認していただきたい）。

全く呆《あき》れたものだ。北条義時一人を伐て、のはずがないではないか。幕府をつぶすのが上皇の狙いであるのは明らかだ。いや、それなら、「幕府をつぶせ、滅ぼせ」と書くだろう。書いてないということは……、という反論は成り立たない。それはなぜか。承久の乱の時点では「幕府」もしくは「幕府」と同義の名称が存在しない、から。

鎌倉時代、幕府なる言葉はなかった。室町時代には物知りの禅僧が、中国の古典に幕府という概念を発見し紹介したが、それが流布するには至らなかった。江戸時代には幕府ではなく「柳営《りゅうえい》」という言葉が用いられた。武家政権をもっぱら幕府と称したのは、実際には明治以降の歴史学においてなのである。

では、十二世紀の終わりに発足した鎌倉の政権を「幕府」の語を用いずに言い換えるとどうなるか。それこそが、武家政権を分析する研究者の腕の見せどころである。権門体制論（優勢）という学説に従う研究者ならば「田舎に成立した軍閥」というだろう。それに対抗する東国国家論（劣勢）に立脚する研究者ならば「東国の新しい政権」あるいは「新しい国家」とまでいうだろう。ぼくは東国国家論者であるが、ここはより分かりやすく「源頼朝とその仲間たち」が適当だろうと考える。それが時間の経過とともに、承久の乱においては「北条義時とその仲間たち」になったのであり、だから幕府をつぶしたい後鳥羽上皇が「北条義時を伐て」と呼びかけたのは当然、となる。

以上のように考えていくと、朝廷の文書に「北条義時を伐て」とあるので、義時だけを討ち取れば良い、と解するのは浅はかな読みであり、議論するに値しない。「あのさ、当時は幕府という言葉はないのだからね」とひとこと注意を喚起しなかった教員は、いったい何をやっていたのだろうか。もうちょっと、ちゃんと指導したらいいだろうに。ほんのひとことで良いのだから。

ついでに言うと、ここで考えるべきこと、すなわち筋の良い考察とは、上皇が東国の政権をつぶすときに、なぜ北条義時の名が出てきたのか。どうしてかつて「源頼朝とその仲間たち」であった幕府が「北条義時とその仲間たち」に移行したのか、というものだろう。ちなみに源氏将軍の外戚、だけでは答えにはならない。二代将軍・源頼家の外戚は北条氏ではなくて比企《ひき》氏であるから。さて、どのような道筋で北条氏は覇権を獲得したのだろう？　ぼくは以前に紹介した、ヘラクレイトスの考え方、「戦いが王を作る」がヒントになるのではないかと思っているのだけれど。

最後にうたぐり深い方に。では、後醍醐天皇が倒幕を呼びかけたときの表現はどうか。いうまでもなく、後醍醐天皇は鎌倉幕府を倒すことに成功した天皇であるが、実際に戦いの指揮をとった天皇の皇子・大塔宮《おおとうのみや》護良《もりよし》親王の文書（令旨《りょうじ》という）にはこうある。「伊豆国在《ざい》庁《ちょう》（役人）時政子孫高時法師、朝家を蔑如《べつじょ》（軽んじる）し奉《たてまつ》るのあいだ、征伐を加えるところ也《なり》。……この戦いにおまえも参加せよ」（熊谷文書ほか）。やはり北条高時《たかとき》を名指ししている。意は倒幕だが、幕府の語は、当然、ない。

日本史上、「現場」で才能を発揮した代表は？

テレビ東京の「カンブリア宮殿」に瀬戸欣哉くんが出ていた。瀬戸くんは商社に勤務してから工具通販の会社を立ち上げ、現在はＬＩＸＩＬグループの代表執行役社長兼最高経営責任者（ＣＥＯ）の重職にある、注目のビジネスパーソン。ぼくのような貧乏研究者とは無縁の「えらい人」なのだが、実は中・高の同級生なのだ。

ぼくはいわゆる「オタク」。スポーツが苦手で、かといってガリ勉にもなれず、教室の片隅で冴《さ》えない中高生生活を送ったが、瀬戸くんは全く違った。スポーツマンで朗らかな彼の周囲にはいつも友だちの輪があった。ゲーム的に言えば「魅力」だとか「人徳」の数値がとても高いさまを眩《まぶ》しく見ていたぼくは、あるときに勉学の面においても彼がきわめてすぐれていることを思い知らされ、驚愕《きょうがく》する。

何の教科か忘れたが、北村透谷《とうこく》の生涯をレポートにまとめよ、という課題が出た。ネットのない時代だから、辞書類をつなぎ合わせ、彼の人生をまとめた。透谷（明治元年～明治二十七年）は小田原の没落士族の家に生まれた。上京して、制服問題で話題になった東京・銀座の数寄屋橋近くの泰明小学校に通った。透谷の号は、「すきや」をもじったものという。

東京専門学校（現在の早稲田大学）政治科に籍を置いて自由民権運動に参加したが、同志から活動資金を得るための強盗の計画を打ち明けられ、運動を離れた。二十歳で洗礼を受け、町田市域の豪農かつ政治家・石坂昌孝の娘、石坂ミナと結婚した。多くの文芸評論を執筆するなど文筆で生活を維持し、とくに「自由」について思索を深めていたが、精神に変調をきたし、満二十五歳の若さで自殺を遂げた。

レポート書けない、難しい、とあがき苦しむぼくたちのもとに、「これを参考にするといい」とレポートのコピーがもたらされた。それは透谷の人生を「武士道という拠《よ》り所を失った男による、近代的な自我、すなわち精神的な基軸を求めての苦闘」と明瞭に定義づけていた。透谷は先《ま》ず政治に、ついで宗教に、最後に恋愛に魂の安らぎを求めたが、どれも十分ではなかった。そのために彼は死を選ぶことになった、と説明していた。

学問的には色々と不備はあるだろう。だが、何と簡にして要を得たレポートか。大人ではない。同級生、つまり十七歳にして人間の生き方を見通せる者がいるとは。ぼくは心底驚いたが、これをまとめたのが、瀬戸くんだった。人前で殊更に勉強している風《ふう》を見せぬ彼は、ただならぬ知力の冴《さ》えを秘めていた。

頭脳明晰《めいせき》にも二通りがある。机に向かって次々と新しい知見を切り拓《ひら》いていくタイプと、実社会の中で業績を積み重ねるタイプ。前者は内へ深く沈潜し、後者は外に広く柔軟に開かれていく。瀬戸くんは後者で、自身が感得する多様な情報の本質を見抜き、的確に対応して現在の地位を築き上げたのだろう。いわば「現場で」才能を発揮するこうした人物を日本史にさがすと、なんといっても豊臣秀吉が代表ということになりそうだ。

時代を先取りしたのは織田信長で、秀吉は信長の敷いたレールの上を走ったにすぎない、などと過小評価されることもある秀吉であるが、現代の歴史研究者たちは彼の創造を高く評価している。惣無事令《そうぶじれい》、太閤検地、刀狩、水運で結ぶ京都・大坂・伏見の三都構想などなど。信長・徳川家康ら多くの戦国時代的「英雄」は、小なりといえども人に傅《かしず》かれる環境に生まれ育った。幼少期に基礎的な教養のトレーニングを受けた。秀吉にはそれがない。彼は自分で自分を教育し、人間の心理と周囲の状況を読み解き、出世し、天下人にまでなった。

おれが世の中に認められないのは、世間が間違っているからだ。研究者には、そうした発想をする人がいる。ぼくにもそうした傾きはある。でも、本当に優秀な人からすると、それは世迷言《よまいごと》にすぎまい。世情をきちんと把握してそれを踏まえて飛躍するか、あるいは自分の信じる道を行って一切言い訳をしないかである。もちろん秀吉は前者であった。だから本能寺の変に遭遇したときに、チャンスを逃さなかったのである。

いつごろかはっきりとはしないが、少し前まで、三傑の中での一番人気は秀吉であった。今は信長、家康、差があって秀吉、の順である。敗戦後、日本は苦闘しながら右肩上がりの経済成長を達成してきた。そこでは器量で成り上がる秀吉は人気者だった。けれども時勢は移り、いまは自民党の総裁選を見れば分かるように、あからさまな対立を避ける傾向が顕著になっている。それが才能を誇る秀吉人気の下落に結びつくのだろうか。もしその見方に理があるのなら、そうした中で頭角を現した瀬戸くんはやはりすごいのだ。――といったところで、あのー瀬戸くん、窮乏している史料編纂所に寄付をくれないかなあ。ほんのちょっとでいいから……（後日談：これを読んだ瀬戸くんはポケットマネーから寄付してくれた。ありがとう！）。

幕末の薩摩藩の「胡散臭い」攪乱工作

権力は公明正大なばかりではない。時に「法すれすれ」「いやアウトじゃないか」。グレーな策謀を巡らすこともある。たとえば現代の国家は、国益の増進を目ざし他国の情報を入手しようと躍起である。過日もカーリングの女子チームが「○○国のイチゴはおいしい」と発言したら、そのイチゴを開発したのは日本だ、日本の農業技術を不当に持ち去った、という指摘が相次いだ。真偽は知らないが、生き馬の目を抜く情報戦があることは間違いないようだ。

こうした「情報・技術のグレーな移転」があり、その成果がA国の利益に結びついたとき、A国は「賢くやった」のか、それとも「国の信用を落とす」のか。どちらの評価もあり得るだろう。前者であれば、情報を取得する行為は「戦略、策略」となるし、後者であるなら、「汚いやり口、唾棄すべき陰謀」ということになる。

日本国内でも、同じような事例は見られる。たとえば幕末の薩摩藩。慶応三年（一八六七年）十月十四日、徳川慶喜《よしのぶ》は大政を奉還した。このため、薩摩藩は幕府を武力をもって討伐する大義を失った。そこで西郷隆盛は三田の薩摩藩上屋敷に集めていた武士や浪士に、江戸と関東各地での攪乱《かくらん》工作を指示する。幕府側を挑発することにより、相手から戦端を開かせようと画策したのである。

浪士隊はゴロツキやばくち打ちを含めて数百人。彼らを指導するのは、薩摩の益満休之《ますみつきゅうの》助《すけ》や伊牟田尚平《いむだしょうへい》、下総郷士の相楽総三《さがらそうぞう》たち。江戸などで展開された彼らの不法な行動はまんまと図に当たり、ついに同年十二月二十五日、江戸市中取締の庄内藩をはじめとする幕府勢力は薩摩屋敷を襲撃（このとき薩摩藩邸の浪士は二百人との内偵あり）し、これを焼いた。この一件が発端となって戦いの火ぶたが切られ、鳥羽・伏見の戦いなどの軍事衝突の末に幕府は亡《ほろ》びていくのである。

万延元年十二月（西暦だと一八六一年一月になる）、アメリカ総領事タウンゼント・ハリスに雇われた通訳、ヒュースケンが殺害された（オランダ人、時に二十八歳）。たしかに「攘夷《じょうい》」が国家全体の合言葉になっていたとはいえ、あまりに野蛮な行為である。その主犯が伊牟田尚平であった。彼は他にも外国人への傷害事件を起こしていて、お近づきになりたくないタイプの人間である。薩摩藩はこうした人間を選抜し、江戸を荒らし、戦争に持ち込んだ。

焼き打ちにあった薩摩藩邸を脱出した相楽総三は、このあと赤報隊を組織し、信濃の下諏訪で偽官軍として捕縛され処刑される。伊牟田は京都から急ぎ下諏訪へ向かったが、相楽を救うことはできなかった。その後、京都や大津の辻斬り強盗が彼の部下の犯行であるとされ、責任を負った伊牟田は、明治元年に京都二本松の薩摩藩邸で自刃した。どうにも口封じの匂いがする。また、伊牟田とともに清河八郎《きよかわはちろう》（新選組にゆかり深い人物。策謀家で一八六三年に佐々木只三郎《ただきぶろう》らによって斬られた）の「虎尾の会」に名を連ねていた益満休之助は、同じく「虎尾の会」に属していた幕臣・山岡鉄太郎を助けて勝海舟と西郷隆盛の「江戸無血開城」の談判の下ごしらえをした後、上野の山の戦いで流れ弾に当たって死亡した。その流れ弾がどこから飛んできたのかは判然としない。

このように、薩摩藩は「胡散臭い《うさんくさ》」ことに手を染めながら倒幕を成し遂げた。そこで坂本龍馬暗殺の一件である。坂本は大政奉還の一カ月後、十一月十五日に近江屋で殺害された。

下手人が桂早之助《かつらはやのすけ》、今井信郎《のぶお》ら見廻組《みまわりぐみ》であることは定説となっている。だが、彼らに坂本殺害を命じたのは誰なのか？　黒幕は誰なのか？　それがぼくにはよく分からない。

京都見廻組は、新選組と同じく、京都の治安維持にあたる警察組織である。ただし、見廻組の方が地位が上で、両者が共同して行動した事例はほぼないという。つまり見廻組はより幕府の政策や意志に敏感な存在であったはずだ。それなのに、なぜ彼らは坂本を襲ったのか。

有名な話だが、坂本は大政奉還を応援する側にいた。土佐藩は武力討伐を主張する薩摩藩との「薩土盟約」を解消してまで、いわば藩ぐるみで徳川慶喜に大政奉還を献言《けんげん》していたし、坂本はそれを実際に担当していた後藤象二郎《しょうじろう》に「私は君の行動を支持する」と手紙に明言している。つまり、大政奉還後にあっては、坂本の存在は幕府と同じ方向を向いていたのであり、彼は幕府重臣の永井尚志《なおゆき》と面談をくり返しているほどであった。その坂本をなぜ見廻組が殺害したのか。ここに江戸での不法行為を敢《あ》えてして、鳥羽・伏見の戦いに持ち込んだ薩摩藩の関与を想定することが、なぜ不自然なのだろうか？　これを陰謀史観の一語で片付けるのは、ただの思考停止にすぎないように思えて、どうにも納得がいかない。

大久保利通の私情を排する強靱さ

企業を舞台にした小説を読んでいると、肝が据わらぬぼくなどはとても耐えられない、という人間関係が描写される。自分は専務派のA課長に眼《め》をかけられ、仕事を覚え、課長補佐に抜擢《ばってき》された。すると常務派のB部長がコンタクトを取ってきて、常務派の掲げるビジョンにそって課内を取りまとめることを要請された。自分としては、専務派のビジョンを捨て、常務派のビジョンで動くことが会社の利益になると思う。約束された課長ポストも魅力的だ。でも常務派に属しては、A課長を裏切ることになる。さて、どうする……。

組織に属している人にとっては、こうした悩みに直面することは珍しくないのかもしれない。でも再度言うが、ぼくのような気の小さな人間にはムリだ。ところが明治の元勲たちは、そうした修羅場をくぐってきている。親しい友を失脚させ、時としては命すら奪って、維新の大業を成し遂げた。その精神の強靱《きょうじん》さには、これは皮肉ではなく、敬服するばかりである。

大久保利通は島津久光（薩摩藩主の父で実質的な殿様）に取り立てられ、側近を務めた。彼の竹馬の友である西郷隆盛は久光とは反りが合わなかったから、二人の間を何とか取りもって、薩摩藩を倒幕へと導いた。その手腕は疑いなく、卓越したものであった。維新政府ができた後、大久保は版籍奉還を実施し、島津久光の立場を否定した。また西郷とも訣別《けつべつ》し、西南戦争では多くの同郷人を賊として討伐した。その時の彼の胸中はいかばかりであったのか。

文久二年（一八六二年）三月、島津久光は藩兵千人を率い上洛《じょうらく》した。尊皇の志士たちは久光が倒幕を号令すると期待したが、久光の意図は「公武合体」であった。彼はまず西郷隆盛、村田新八に帰藩の命令を出し（二人はこの後、遠島の罰を受ける）、志士の鎮圧に乗り出す。薩摩藩の過激派はこの展開に驚愕《きょうがく》し、他の志士と連絡を取って武力蜂起の計画を立て、伏見の船宿・寺田屋に集結した。

志士暴発の噂を聞いた久光は、大久保らを派遣して説得を試みたが失敗。ついで剣術に優れた奈良原喜八郎・大山格之助（のち綱良）らを選抜し、主命に従わぬ場合には上意討ちやむなしとして最後の通告を行った。この結果、寺田屋では薩摩藩士同士の斬り合いが展開され、志士側では有馬新七ら六人が落命、のち二人が自害。これが世に名高い「寺田屋騒動」である。

このとき、蜂起への参加者として身柄を拘束された人に、田中河内介《かわちのすけ》がいた。彼は学問に優れ、公家の中山家に仕えていた時に若や姫の教育係をしていた。中山家は大納言になる家だが、家禄《かろく》は二百石。裕福ではないので、若や姫といっても親しく接していた。ところが姫、中山慶子が孝明天皇に仕えて懐妊した。実家である中山家で慶子姫は男子・祐宮《さちのみや》を出産。河内介は宮が五歳で宮中に帰るまで、また教育係を務めた。宮を負ぶって、儒学の書を説き聞かせたという。

こののち河内介は中山家を辞した。当主の忠能が公武合体論者で、早期の倒幕を目ざす河内介と意見を異にしたからという。先週紹介した伊牟田《いむだ》尚平《しょうへい》や清河八郎《きよかわはちろう》ら過激な尊皇攘夷の志士と交際し、やがて大坂に転居して薩摩藩邸に出入りするようになった。寺田屋騒動直前には和宮《かずのみや》降嫁（孝明天皇妹君と将軍の結婚）を仕切った京都所司代・酒井忠義と関白・九条尚忠の暗殺を計画し、この決行によって久光の決起を促そうとした。

寺田屋での惨劇の後、薩摩藩は日向に向かう船に河内介とその息子の瑳磨介《さまのすけ》、甥《おい》の千葉郁《いく》太郎《たろう》らを乗せた。河内介父子は船内で斬られた。遺体は海に投げ捨てられて小豆島に漂着し、島民によって葬られたという。郁太郎も殺害された。

のちに明治天皇は昔の養育係を思い出し、左右の臣に「田中河内介はいかがいたしたか」と尋ねたことがあった。誰も答えられないでいると、田中と親交のあった小河一敏《おごうかずとし》（旧岡藩士）が進み出て「ここにおられる某君等の指図により、薩摩へ護送の際に、船中において非業の死を遂げました」と答えたので、某は赤面して顔を上げることができなかったという話が伝わっている。小河は大久保利通を指さして「大久保君らが指図して」と言い放ったともいう。

五歳の時の「田中河内介」という名まで天皇が憶《おぼ》えていらっしゃるものかどうか疑問が残るが、そうした話があったのかもしれない。でも、ぼくは思うのだ。大久保ほどの人ならば、それくらいのことではうろたえまい、と。善悪は別にして、権力には危険な話はつきものなのだ。とくに寺田屋騒動では有馬新七ら、大久保・西郷と親交のあった人が犠牲になっている。大久保は腹を据えて、私の感情を殺して難局を乗り切った人である。だから田中のことについても、赤面したりはすまい。

維新という大変革には戦いが必要だった

原敬《はらたかし》は「平民宰相」というニックネームで知られるが、原家は実は盛岡藩の家老、上級武士であった。明治の元勲で彼以上の生まれの人は皆無である。ではなぜ「平民」かというと、反骨精神に溢《あふ》れた原が爵位を固辞し続けたためであった。

原の号は「一山」という。これは戊辰戦争の時に官軍が「白河以北、一山百文」と歌いながら進軍してきた史実による。彼は賊軍とされた故郷の無念を心に秘めて官・政界で仕事をした。自分が死んだら東京ではなく盛岡で葬儀を行い、栄爵は不要で、「原敬墓」とのみ記した墓所に葬るように言い置いていた。たしかに今、彼はそうして愛する盛岡に眠っている。

慶応四年（一八六八年）三月、官軍の参謀、世良修蔵は会津藩征伐のために仙台に入った。会津藩に同情的であり、出兵を躊躇《ためら》う仙台藩に対して強硬に出兵を促したのだが、それと同時に仙台藩士を嘲《あざけ》り（海外通の玉虫左太夫に「おまえは少しは話の分かるヤツだと思ったので使ってやったが、〈会津に同情的であるとは〉あきれ果てた。所詮、奥羽には目鼻の明きたる者は見当たらず」という）、傍若無人な振る舞いをし、周囲からの反感を買った（奥羽側は「〈世良〉一身の挙動に至り候ては、貪婪《どんらん》無厭《むえん》、酒色に荒淫、醜聞聞くに堪ざる事件、枚挙にいとまなし」と記している）。

世良の「奥羽の願い、一切聞く耳持たず」の態度から、東北諸藩は官軍に降伏してともに会津を討つか、会津とともに官軍と戦うか、どちらかを選ばざるを得なくなった。そして閏《うるう》四月二十日、仙台藩士は世良を殺害し、奥羽列藩同盟を結成して官軍と戦うことに決する。世良殺害のニュースは白石《しろいし》に集まっていた各藩代表のもとにも届き、「満座の人、みな万歳を唱え、悪逆天誅《てんちゅう》愉快々々の声一斉にやまず」という状況であった。

似たようなことは長岡でもあった。同年、官軍の東山道軍は北陸の長岡に到達。総督府の監察を務めていた岩村精一郎（のち高俊）は五月二日、長岡藩の家老、河井継之助《つぐのすけ》と会談した。中立の立場を貫こうとする河井は「長岡は手向かいをしない。また会津を説得する」と説いたが、岩村は「時間稼ぎであろう」とこれまた全く聞く耳持たず。交渉は決裂して、長岡藩と官軍の激烈な戦いが開始された。

岩村は土佐藩士だったが、味方である長州藩士からは「軽率で無思慮」な人物とみられていた。長岡戦争時に、山縣有朋《やまがたありとも》が小千谷の官軍本営に到着した際、岩村は贅沢《ぜいたく》な朝食を地元の娘に給仕させており、激怒した山縣は土足のままその膳を蹴り上げたという。彼は戊辰戦争を生き残り、出世した。いくつかの地方官に任じた後に明治七年（一八七四年）には佐賀県権令となるが、ここでもやらかす。佐賀藩士・島義勇《しまよしたけ》（北海道開拓の父と言われる人物）の前で佐賀藩士を侮辱し、彼を反乱側へと追いやり、佐賀の反乱の火を大きくしたのだ。ドナルド・キーンは『無能で横柄な岩村の抜擢《ばってき》は、最悪の選択だったと言える』（『明治天皇』）としている。

ただし、ここで問題となるのは、この人選は大久保利通の策略ではなかったか、という見方があることである。すなわち岩村の性格ならば、必ずや佐賀士族を侮辱し憤らせるような事態を起こす。すると佐賀士族は暴発し、乱となる。血は流れるが、雨降って地固まるで、士族の不平は収まる。これを大久保は狙っていた。そういう見方をしていたのは他ならぬ木戸孝允《たかよし》で、こうしたことを冷徹に実行する大久保への批判を、木戸は歴史家の久米邦武に洩《も》らしている。

もしも本当に大久保が乱を起こすための人事をしていたら、どうか。いや、大久保個人が、でなくとも良い。明治新政府が、そういう人事の方法論をもっていたとしたらどうか。維新という大変革を行うためには戦いが必要だ。だから、東北諸藩や長岡藩の犠牲が必要だった。徳川慶喜の切腹を最後まで要求し、江戸での戦いを欲していた薩摩藩なら、そう考えていたとしても不思議はない。

かつて羽柴秀吉は戦いを求めていた。明智光秀から始まり、戦いでライバルを倒していって、いつの間にか織田家の天下を横取りしていた。これに学んだのが徳川家康であった。秀吉の死後、家康は大きな戦いを欲した。前田の謀反を言い立てたが、戦う前に前田利長は全面降伏した。ならばと上杉の叛意《はんい》をでっち上げると、純朴な上杉は「来るなら来い」と挑発に乗った。そこで関ケ原の戦いを引き起こし、豊臣家の天下を奪った。

戦いこそが王を作る。戊辰戦争にはそういう思想があるような気がしてならない。そこでぼくがどうしても気になるのが征韓論（いま遣韓論とも）である。論の予定では、使者として西郷隆盛が朝鮮半島に赴くことになっていた。西郷は彼の地を死に場所と定めていたという。その真意は奈辺にあったのだろう。いや、これもまた「陰謀史観」か。

「知っている」より大切な「考える」

ぼくは自分が高校生の時に学んだ教科書（今から四十年前）に、坂本龍馬の名は載っていなかった、と発言したことがある（アベマTVなど）。だが、これは甚だしい勘違い。先日山川出版社で調べてみたところ、載っていた。お詫《わ》びして訂正する。

ぼくがなぜこのような勘違いをしたかというと、龍馬は司馬遼太郎の『竜馬がゆく』（「産経新聞」に一九六二年六月から六六年五月まで連載し、六三年から六六年にかけ、文藝春秋全五巻で刊行）で人気になった人物、という認識があったためだ。この認識自体はいまも正しいと考えるが、『竜馬がゆく』で人気に→それ以前は知られていない人物→教科書にも取り上げられていないに違いない、という順で先の誤った発言になった。申し訳ない。

もう一つ、龍馬への過小評価には理由がある。近現代史の先生が揃《そろ》って同じ悩みを抱えていたからだ。「学生がみな新選組か坂本龍馬で卒業論文を書きたがる」。彼らは歴史学では評価しづらい存在だから、確実な論文をまとめたいならテーマを変えなさい、と指導しているという。

新選組は分かるが、龍馬は？　倒幕のエンジンになった薩長同盟の立役者では？　と聞くと、いや、薩長同盟の主体はあくまでも薩摩と長州。龍馬は仲立ちにすぎない。一部の研究者は、彼は要するに「西郷の使者」であるから、薩長同盟への貢献は、さして認められないと評するのだそうだ。その話を聞いていたので、歴史学の龍馬評価は低いのだな、と理解していたのだ。

だが、現在の龍馬人気はすごい。司馬さんが亡くなっても、衰えを知らない。この点はかつて吉川英治が国民的スターに仕立てた、宮本武蔵と異なるところだ。閉塞した江戸時代にあって、いち早く自由の風を身にまとった龍馬の行動が、人々の精神を鼓舞するのだろうか。

二〇一七年、高大連携歴史教育研究会が「教科書に載せる固有名詞を減らそう」という提言を行った。今の教科書にはあまりに多くの固有名詞が載っているので、子どもたちの勉強に支障がある。だから、不要なものは削るべきだ。たとえば武田信玄、上杉謙信、それに、坂本龍馬。

ぼくは学生時代、山川出版社の日本史教科書を作成していた恩師の石井進に質問した。先生が執筆している教科書は、他より詳細で、厚くなっています。どうしてですか？　先生はいつものように、なんでこいつはこんなことも分からんのだ、という表情で答えて下さった。「教科書は学びの道具なんだから、データは詳しい方が良いじゃないか。あとは現場で、高校の先生方がうまく使ってくれればいいんだよ。もちろん、これ全部を頭に入れる必要なんてないさ」

石井先生の考えは十分に納得できる。ところが高校の先生方と話して「教科書は原則、全部覚えろ、と教育している」と言われビックリしたことがある。今回の「龍馬を教科書から削れ」という提言も、「暗記する人名をできるだけ少なく」という配慮からなされたのだろう。

でも、これはおかしい。石井先生の言葉ではないが、教科書に載っているすべてを覚える必要などどないのだ。なんでもかでも「覚えろ！」と強要されるから、「日本史＝暗記教科」という図式が定着し、さらには、だから「日本史キライ！」という子どもたちが大量生産される。

一つ疑問を呈したい。龍馬を外して「学問的に」明治維新史を教員が教えこむ。それができるほど、明治維新の解釈というのは確定しているのだろうか。たとえばぼくの友人の磯田道史さんは、明治維新の人材登用は机上の秀才ばかりを生んだので、むしろマイナスだという評価をする。ぼくは反対する。政府の人材抜擢《ばってき》は世襲重視を否定する意味を持ち、成果を挙げた。これだけの差がある。

「知っている」ことは大事である。けれども、より大切なのは「考える」こと。この点については異論はあるまい。まして歴史解釈が「確定した一つ」でない以上、教員が教え、それをむりやり「知っている」状態で定着させる（すなわち、暗記させる）ことは危険ですらある。

それよりも、龍馬の人生を追いながら、幕末の社会の状況、日本を取り巻く世界の様子、明治維新の特質を語り合う。また、龍馬は手紙に「日本を今一度洗濯したい」と書いた。彼が「洗濯したい」と思ったものは何だったのかを語り合う。そうした双方向なやりとりが、子どもたちのためになるのではないか。

最後に一言。このように書くと、ぼくが推奨するような授業では、大学受験に受からない、という批判が出てくると思う。ならばぼくの答えは決まっている。もしも大学の教員が「知ってる、知らない」を試すクイズのような入試問題しか作れないようであるならば（この条件節は必ず付していただきたいが）、入試から日本史を外すほかない。やむを得ない仕儀である。

第3章　武家の力と、男と女

源頼朝が京都ではなく鎌倉を選んだとき

これまで総論として日本史の捉え方を書いてきた。これらを踏まえ、今回から個別の人物にさらに焦点をあてて論じたい。最初に取り上げるのは、私が中世史研究者なので、どうしてもこの人。源頼朝である。

頼朝は評判が悪い。それは畢竟《ひっきょう》、源義経を死に追いやったから。だが冷静に考えると、権力者の弟で「能力のある人」というのはもうそれ自体が危険なのだ。兄の権力の座に、弟は無理なく安座し得る。弟にその気がなくても、兄に不満を持つ人たちが弟を担げば、あっという間に派閥抗争である。

だから、権力を握った兄はしばしば弟を討つ。足利尊氏は弟の直義《ただよし》と全国を二分して争い、滅ぼした。織田信長は弟の信行（信勝とも）を殺害し、毛利元就は相合元綱《あいおうもとつな》を、伊達政宗は小次郎を、という具合。こんな事例は世界史まで視野に入れれば、枚挙にいとまがない。

頼朝の義経殺しは、別に突出して（歴史的には）責められるべきことではない。それなのになぜ頼朝だけが、というと室町時代に『義経記《ぎけいき》』が愛読され、義経＝ヒーロー、頼朝＝かたき役・悪のボス、みたいな図式ができたためだと思う。

弟殺しで冷酷といわれる頼朝だが、彼の事績を追ってみると、存外あたたかい。「受けた恩は忘れない」一人。平治の乱で捕縛された時に「この子を助けて」と願ってくれた池禅尼《いけのぜんに》の実子、平大納言頼盛は討伐の対象から外され、鎌倉で歓待を受けた。伊豆で二十年にわたり流人生活を送るが、そのとき付き従ってくれた藤九郎盛長は安達荘ほかを与えられ、有力御家人に。

そして何より政子さん。彼女は当時の結婚適齢期を過ぎていた。しかも北条家はさほど有力な家ではないので、お姫様という柄ではない。どちらかというと土の匂いのするような、逞《たくま》しい女性だったと思われる。一方の頼朝は十三歳まで京都で暮らしていたボンボン。たぶん釣り合わない。まして鎌倉に政権を樹立した後であれば、頼朝は京都からいくらでも美姫《びき》を呼び寄せられたはず。でも頼朝はそれをしない。政子との家庭を大事にし、たまに浮気がばれると政子にどやされてゴメンナサイ。彼はどういうつもりだったか。

一つは計算があったと思う。「垢抜《あか》けない政子」というのは、関東の武士たちみんなの娘であり、妹であった。彼女が頼朝の隣に座っているだけで、武士たちは安心できた。ああ、鎌倉殿はどんなにえらくなっても、おれたちの頼朝さまだ。どこまでもこの人について行こう（これの逆をやって失敗したのが、三代の実朝か）。

もう一つ、案外、政子を本当に好きだったかもしれない。彼女と恋仲になる前に、伊豆随一の伊東氏の娘に手を出したら、危うく殺されそうになった。でも、政子は「まだ何ものでもなかった、伊豆の流人にすぎなかった」おれを認め、受け入れてくれた。この人を粗末にしたら罰が当たる。そんな気持ちを頼朝は生涯持ち続けていた、とも推測できる。

中世社会を考えるのに、「権門体制論」という考え方と、それを批判してできた「東国国家論」という考え方がある。前者は、常識的に中世日本にも一つの国家があった、という「常識」から出発する。日本に国家があったならば、その王さまは天皇だろう。これを王家と呼ぼう。それを支えたのが、貴族の「公家」と武士の「武家」と僧侶の「寺家」であった。これらはみな世襲によって特権を受け継いでいく「権門」であるので、権門体制論という。

東国国家論は、本当に日本は一つの国家だったか？　と問いかける。関東の幕府。それはもう一つの国家と捉えるべきではないか。鎌倉時代には東の国家たる幕府（王は将軍。武士が支える。都は鎌倉）と西の朝廷（王は天皇。貴族が支える。都は京都）が並び立っていた。

二つの考え方の一番の相違点は天皇と将軍の関係にある。将軍は武家を率いて天皇に仕える。天皇が上、将軍が下。これが権門体制論。そうではなく、将軍と天皇はともに王さま。横並びでどっちがエラい、はない。これが東国国家論。

平清盛のあり方は基本的に権門体制論であった。清盛は全国の武士を統括して、天皇に仕える。それに反旗を翻して挙兵したのが源頼朝であった。南関東を瞬く間に平定した彼は、一一八〇年十月、駿河の富士川で平家に率いられた朝廷の追討軍を打ち破る。このとき、頼朝は逃げる平家を追いかけて京都に上ろうとした。だが、東国の武士たちに止められた。あなたがなすべきは、関東を治めることでしょう。それを聞いた頼朝は鎌倉に帰り、関東を平定し、武士政権の実力を養う。つまり京都ではなく鎌倉を選んだこの瞬間に、東国国家に向けて舵《かじ》が切られた。だから鎌倉幕府はすでに一一八〇年に成立している、そうぼくは考えている。

頼朝の右腕はなぜ御家人に嫌われたのか

日本の歴史の特徴の一つは世襲の作用がきわめて強力なことである。また世襲を根拠とする政権運営は比較的おだやかに推移するので、日本の政治史においては例えば中国史のような凄惨な、血なまぐさい争いは起きにくい。このことを最近ぼくはしばしば指摘している。ただし、もちろん例外はある。鎌倉幕府内の争いは、熾烈《しれつ》を極めた。ご存じのように鎌倉幕府を興した源氏は、三代将軍の源実朝を以《もっ》て滅びる。源頼朝の子ども世代で絶えてしまい、その後は将軍（摂関家や皇族から名ばかりの将軍が迎えられた）は傀儡《かいらい》となり果て、北条政子の実家である北条氏が実権を掌握していく。

このとき、北条氏はまず有力な他家を追い落とすために次々に陰謀を仕掛け、加えて一族の内部でも主導権争いをくり返す。結果として、鎌倉時代は「薄氷を踏むが如き」（金澤顕《あき》時《とき》という有力武士の述懐）政治抗争が連続することになった。

中でも、一つの判断ミスが一族の滅亡に直結するような緊迫した抗争が集中的に起きたのは、前回取り上げた関東のカリスマ・源頼朝が一一九九年に没してから、北条氏のリーダーシップが確立するまでのおよそ二十年間であった。この時期に二代将軍頼家の舅《しゅうと》である比企《ひき》能員《よしかず》、鎌倉武士の鑑《かがみ》ともいうべき畠山重忠、源氏一門で最上位の座を占めた平賀朝雅《ひらがともまさ》、幕府の侍所《さむらいどころ》（軍事担当部署）の長官たる和田義盛らが一門全滅の憂き目に遭い、北条政子の父である時政《ときまさ》も失脚し、最終的に政子の弟の北条義時《よしとき》が生き残る。義時は一二二一年（承久三年）、後鳥羽上皇の「幕府を滅ぼせ」という挑戦を斥《しりぞ》け、「武門の王」たる地位を確固たるものとした。

この連続する御家人間の抗争で真っ先に血祭りに上げられたのが、梶原景時《かじわらかげとき》であった。景時といえば源義経を頼朝に讒言《ざんげん》した「イヤなやつ」として悪役イメージが定着しているが、実際の彼は「腕っぷし自慢（知恵が足りない、ともいう）」揃《ぞろ》いの鎌倉の武士の中で、めずらしく文武両道に秀でた有為の人材として頼朝の厚い信頼を獲得していた。頼朝没後は「一の郎党」（『愚管抄』を書いた慈円の評）として、後継者である二代頼家を支えていた。

頼朝が没して間もないある日、頼朝に可愛《かわい》がられていた結城朝光《ゆうきともみつ》がぼやいていた。「頼朝さまがいないと寂しいなあ。忠臣は二君に仕えずというし、おれも髪を下ろして仏道修行しようかなあ……」。すると、ややあって、阿波局《あわのつぼね》という女官が注意を促してきた。「結城くん、あなた将軍・頼家さまに殺されるかもよ」「え！　なぜ？」「あなたのぼやきを梶原さんが聞いていて、頼家さまに告げ口したの。そしたら頼家さま『結城め、おれは仕えるに足りぬ主人だというのか。バカにしおって！　始末してやる』って息巻いてるの」「冗談じゃない。そんなつまらない理由で殺されてたまるか。おれはどうしたら良いんだ……。そうだ、梶原だ。あいつにはみんなが怨《うら》みを持っている。あいつの悪行を書き並べて頼家さまに報告しよう」

かくて朝光が景時の弾劾状を作成していると、「おれも梶原には恨《うら》みがあるんだ。仲間に入れてくれ」「おれも酷《ひど》い目に遭った。参加させろ」「おれも、おれも」。こうして瞬く間に、なんと六十六人もの有力御家人の署名が集まった。朝光がこれを幕府に提出すると、頼家はさすがに景時を庇《かば》えなくなり、景時はあえなく失脚。もう鎌倉には居場所がないので、上洛《じょうらく》して後鳥羽上皇にお仕えしようと一族郎党を引き連れて京都へ向かった。すると駿河国の清見関という場所で、同地にたまたま集合していた駿河の御家人たちと遭遇。口論の末、合戦となり、ついに景時以下、梶原一族はみな滅びていった。

この顚末《てんまつ》は幕府の歴史書『吾妻鏡』に記されているが、どうにも胡散臭《うさんくさ》い。事件後、景時の播磨国での特権は、朝光の兄の小山朝政が受けついだ。朝光、よくやった、というご褒美だろう。では褒美を出したのは誰か。阿波局は後の三代将軍・実朝の乳母で、北条時政の娘。「たまたま」清見関に集合していた御家人たちに指示を出せるのは駿河国の守護（武士のリーダー）であり、その地位にいたのは時政。となると、事件の黒幕は時政に違いない。頼家を斥けて北条家で育てている実朝を将軍にしたい、頼家の一の郎党の景時を排除したい、というわけだ。

『吾妻鏡』は北条氏の影響力のもとで編纂《へんさん》された歴史書だから、時政の政治的ライバルであった景時への悪口をそのまま受け取ることはできない。しかし、それにしても、景時は御家人の間で人望がなかったのだろうか。庇ってくれたボスがいなくなると、同僚に激しく憎まれる。そういう人物が誰かいたなあ、と思ったら、加藤清正や福島正則たちに命を狙われた石田三成とよく似ているのだ。

石田三成が秀吉没後、怒りを集めた理由

源頼朝が没したすぐあと、頼朝の庇護《ひご》を受けていた梶原景時《かじわらかげとき》が御家人たちから激しい糾弾を受け、滅亡した顚末《てんまつ》を前回、叙述した。これに似た事件が豊臣秀吉の死後にも起きている。石田三成の失脚事件である。

一五九八年に没した秀吉は、遺児・秀頼の守り役として前田利家《としいえ》を指名した。利家は大坂城に入り、豊臣政権の運営に尽力する。一方、秀吉亡き後、図抜《ずぬ》けた存在となったのが徳川家康で、彼は伏見城にあって、虎視眈々《たんたん》と天下を狙っていた。

事件は九九年に前田利家が亡くなった直後に起きた。信望のある利家は、大名たちの不満を抑え、豊臣政権の進展に努めてきた。ところがその彼が亡くなると、いわゆる「武断派」の七将が「三成を討つ！」と称して軍事行動を起こしたのである。七将は加藤清正・福島正則・細川忠興《ただおき》・黒田長政・浅野幸長・池田輝政・加藤嘉明《よしあき》（池田と加藤嘉明をはずして、蜂

須賀家政と藤堂高虎を数えることも)。三成は事前に情報を得て大坂城を脱出、伏見に向かった。伏見の家康は七将の訴えを聞いて、三成の政界からの引退、居城である近江・佐和山への退去を提案し、事態を収めた。

この事件は「武断派」と石田ら「文治派」の対立に原因があるとされてきた。戦場での働きが顕著だった武断派は、戦いがなくなるにつれ政治の中枢から遠ざけられた。さらに朝鮮出兵においては、「武断派」は戦場で懸命に戦った。にもかかわらず、文治派、なかんずく石田三成は補給を担当するだけ(兵站《へいたん》の重要性はなかなか理解されない)で、前線には出てこない。しかも秀吉に武断派の失敗を告げ口し、結局武断派は莫大な戦費を支出したのに、なにも酬《むく》いられることがなかった。三成許すまじ!　……という解釈がなされてきた。

ぼくはこの見方は、大枠において正しいと思う。でも細かい突っ込みどころはある。なぜ七将は三成だけを敵としたのか。武断派と文治派の争いというなら、三成とともに政権運営に辣腕をふるっていた増田長盛や長束正家らは、なぜ対象にならなかったのか?　七将の憤《ふん》懣《まん》の原因は、三成個人の専横ということでよいのか?

ぼくはここで梶原景時の事例を参照したい。三成と景時の排斥は本質を同じくするのではないか。鎌倉武士が景時個人に鬱憤をぶつけたように、七将は文治派全体というより、三成個人が気にくわなかった。景時は頼家の「一の郎党」であった。同じく三成は「秀頼の、また秀吉の一の郎党」であった。そう見てみると、七将の怒りの矛先は、三成を貫いて秀吉をターゲットにしてはいまいか。

偉大なリーダーだった源頼朝だが、彼は晩年、大きな失敗をしている。長女の大姫を後鳥羽天皇の妃にしようとして、朝廷との外交でミスをしたのだ。それまで頼朝は藤原本家の九条兼実《かねざね》と結び、朝廷と絶妙な距離感を保っていた。ところが大姫の入内《じゅだい》を焦ったばかりに源通親《みちちか》という貴族につけ込まれ、兼実との連携を失った上に、入内にも失敗したのだ。関東第一、の姿勢を信頼して従ってきた鎌倉武士にしてみると、京都との関係に腐心する頼朝に不満が生じてもおかしくない。それが頼朝側近の景時への嫌悪として噴出した、と受け止めることができる。

清正ら七将は二度の朝鮮出兵で塗炭の苦しみを嘗《な》めた。九州に所領を持つ清正や黒田長政は、百石当たり五人、通常の二倍近い兵の供出を求められた。そうして身を切るようにして軍役を務め、またたとえば蔚山《うるさん》の籠城のような辛酸を嘗めながら、戦争が終わってみると、何の褒美もない。これで怒るな、という方がムリである。

おそらく、彼らは「あんたは何をやっているんだ！」と「秀吉に」文句を言いたかったのだろう。だが、専制君主である秀吉にそれをすることはできないし、抜擢《ばってき》してもらった恩を感じていた者もいるだろう。それゆえに彼らの怒りは、秀吉にもっとも忠実で、秀吉の意を受けて働いていた三成に向いたのだ。

秀吉は晩年、三成に筑前ほか五十万石あまりの領地を与えようとしたという。小早川秀秋が朝鮮で失態を犯して越前に減封・左遷されたので、そのあとを三成に、ということだろう。

筑前には日本を代表する商業都市、博多がある。この町が生み出す収益だけでも莫大だ。どの大名ものどから手が出るほどの「おいしい話」である。だが彼はそれを辞退した。関ケ原での石田隊の敢闘を想起すると、もしも彼（居城は佐和山十九万石）に二～三倍の「自前の軍事力」があったらと思うが、打算を越えて清廉な人だったのだろう。

家康とは所詮器の大きさが違うといえば、その通り。けれども実務能力はだれよりも高く、純粋に秀吉のため、秀頼のために働く。石田三成という人物は魅力的である。歴史ファンが惹《ひ》きつけられるのはもっともだなあ、と感じる。

前田利家には運を引き寄せる器量があった

最近はあまり見なくなってしまったが、史伝、というジャンルがある。「歴史上の事実に基づいた伝記」というのが辞書的な説明で、要するにフィクションをできるだけ排した読み物である。森鷗外最晩年の『渋江抽斎』『伊沢蘭軒』『北条霞亭』が三部作として有名である。

この史伝を得意とした人に山路愛山《やまじあいざん》（一八六五〜一九一七）がいる。慶応大学の史学科教授にもなったが、多くは野にあって歴史を研究していた。その彼がこんなことを言っている。「信長という師匠なければ、前田も佐々も堀も佐久間も、いたずら者にて終わりたるやもいまだ知るべからず」（『豊太閤』）。織田信長がいなければ、前田利家《としいえ》も佐々成政《さっさなりまさ》も堀直政も佐久間盛政も、取るに足りない人で終わっていたかもしれぬ、というのだ。

たしかに鎌倉幕府が力を得て、関東武士が西国に活躍の地を得た。徳川幕府が成立したから、三河武士が全国に拡散した。それと同様に、信長が大きな勢力にならなかったら、加賀百万石はなかった、ということだ。なるほど、利家は運が良い。

いやしかし。山路が挙げた佐々成政も佐久間盛政も滅んでいった。堀直政の家も大きな大名にはなれなかった。そうしたことを勘案すると、やはり利家は運が良いだけではなく、みごとにその運を引き寄せるだけの器量を有していたと評価すべきだろう。前回触れた七将の石田三成襲撃事件は、利家が没した直後に起きている。利家が武断派諸将の暴発をギュッと抑えていたわけで、この一事をもってしても、その存在感の大きさが容易に推測できる。

前田利家（一五三八〜九九）は尾張国の小規模領主の子として生まれた。槍《やり》が得意で、「槍の又左」と謳《うた》われる武辺者で「かぶき者」であった。信長の親衛隊長のような地位に佐々成政とともに抜擢《ばってき》され、その後、越前を治める柴田勝家の部下として付けられた。このとき、佐々ともう一人、不破光治という人物と三人で越前府中（かつて武生市。いま越前市。なお、近隣に越前町、南越前町もある）十万石を領した。のちに能登一国の大名（ほぼ二十万石）となり、柴田勝家の指揮のもと、越後の上杉家などと戦った。

信長の没後は柴田のもとを離れて羽柴秀吉に属するようになった。賤ケ岳で敗れた佐久間盛政の所領（加賀北半分ほぼ二十万石）を与えられ、金沢に本拠を置いた。秀吉に反抗する佐々成政の滅亡後は、越中四十万石を嫡男・利長《としなが》に拝領した。これで前田一族で加賀半分プラス能登プラス越中で八十万石あまりを領有する大大名となる。

利家は二十歳のときにいとこ（それぞれの母親が姉妹）の「まつ」と結婚した。まつは満十一歳で、しかもすぐに出産をしている（十一歳と十一カ月）。現在であればおまわりさんに通報すべき案件である。彼女はあわせて十一人の子を産んだ。二男と六女の名が残っている（他の三人の子は幼いうちに亡くなったか）。また利家夫婦と秀吉夫婦（秀吉とおね）は家族ぐるみのつきあいだったといわれる。

利家は五大老に列し、秀吉が没する際には遺児・秀頼の守り役を任された。徳川家康となんとか対抗できたのは利家をおいて他になかった。だが豊臣家にとっては痛恨であるが、利家は秀吉を追うように、九九年に亡くなった。利家の領有していた加賀半国は嫡男の利長、能登は次男の利政《としまさ》が受け継いだ。利長は越中の富山城（佐々成政が本格的に築城）から、金沢城に居を移している。

翌年、関ケ原の戦いに際しては、利長は東軍について、西軍に属した南加賀の二人の大名、丹羽長重と山口宗永を攻撃した。長重の小松城は堅城であったので交渉によって降伏させた。宗永の大聖寺城は攻撃して落城させた（宗永は自害）。問題は弟の利政なのだが、積極的には動いていないものの、どうやら西軍に通じていたらしい。

戦いの後、能登は没収され、利政は浪人になった。ただし能登は利長に与えられたので、前田一族の外部には出ていない。小松領と大聖寺領、加賀の南半分も利長に与えられた。これによって利長は加賀四十万、越中四十万、能登二十万を領することになり、あわせて「加賀百万石」が誕生したのである。なお、利長に実子は生まれず、彼は異母弟の利常《としつね》を後継者とした。だから、前田の殿様には「賢夫人まつ」の血が流れていない。

加賀藩は少し後に富山十万石と大聖寺七万石の支藩を立てる。この二藩を差し引いて本藩は百三万石を表高としているので、これまでの叙述と計算が合わなくなる。これはおそらく検地の結果による差異であって、関ケ原後の利長の領地は、検地のやりようによっては百二十万石と数えられるというふうに考えるべきなのだろう。

以上、今回はつとめて史伝ふうに。そのかわり次回は相当に「推測」が盛り込まれる予定。

加賀百万石を安泰に導いた重大事件

史伝風の前回とは異なり、今回は私見を述べてみる。

慶長七年（一六〇二年）というから、関ケ原の戦いの二年後、前田家はすでに加賀・能登・越中の太守（百二十万石）になっていたわけだが、その五月に金沢城内で驚天動地の事件が起きた。藩主・前田利長《としなが》の命により、重臣である横山長知が同じく重臣の太田長知を手ずから殺害したのである。

奇《く》しくも二人は同じ名の「長知」（ただし横山は「ながちか」らしい。太田は普通に「ながとも」で読みが異なる）。俸給は横山は二万石あまり。太田は大聖寺城代で一万五千石。大きな金沢藩だから家臣の列にいるが、二人とも独立の大名でも何らおかしくない大身であった。それだけに、太田暗殺が持つ意味は計り知れない。

ぼくが「二人の長知」の一件を知って調べたとき、事件の解釈として納得のいくものは全くなかった。史料としては、太田が藩主・利長の側室と密通していたとか、古狐《ふるぎつね》のたたりだとか、そんな他愛のないヨタ話しか出てこない。その中で『象賢紀略《しょうけん》』という本が、横山と太田はそれぞれ派閥を形成していて、前田家中の重臣が構成メンバーとなっている、という言及をしていた。この情報は使えるのではないか、とピンときた。

関ケ原の後で、徳川家康が朝廷から征夷大将軍に任じられる前。そんな時期に前田家では、重臣たちが二派に分かれて争っていた。しかもそれは、誅殺劇《ちゅうさつ》が惹《ひ》き起こされるほどに緊迫したものであった。となると、二つの陣営とは、「徳川家に従順な態度を取ろう。それが前田家を守る最適解だ」という親・徳川派と、「豊臣家の恩顧を忘れるな。前田家の意地を見せろ」という親・豊臣派しか考えられないのではないか。

関ケ原の戦いが起きる前、徳川家康は戦いを欲してうずうずしていたと思われる。「革命は血を欲する」という。支配体制をガラッと変えるには戦いが効果的だ、という認識は洋の東西を問わずに存在する。だから西郷隆盛は戊辰戦争をしかけ、明治維新を成し遂げた。羽柴（豊臣）秀吉は明智光秀から始まり、柴田勝家、滝川一益、織田信孝などのライバルと戦ううちに、いつの間にか織田家の天下を奪っていた。その秀吉のやりようを見ていた家康は豊臣の天下を奪取するために、列島規模の戦いを求めていた。それには何よりも、しかるべき規模の「敵」がいなくてはならない。

家康が先《ま》ず目を付けたのが、大黒柱たる利家《としいえ》を失ったばかりの前田家であった。利家の後継者である利長は、秀頼の守り役にも任じるはずだった。家康は豊臣政権を動かす「五奉行」の一人である浅野長政を抱き込み、彼の口から「前田に謀反の動きあり」と告発させた。それを受けて、家康は「前田討伐」を号令したのである。

このとき、金沢にいた利長は「受けて立つ」こともできた。豊臣秀頼を奉じて、諸大名に向けて家康の非を鳴らす。声望のある前田家だから、お味方を、という大名もいただろう。実際に、前田家中では「断固戦うべし」とする家臣の声が高かったようだ（だからこそすぐあとの関ケ原では、利長は東軍として戦ったものの、弟の利政《としまさ》が西軍に通じる、という事態になった。利政を担ぐ親・西軍の家臣がいたわけである）。

だが、利長はその路線を採らなかった。彼はただちに「もっとも信頼する」家臣を家康のもとに遣わして、釈明にこれ努めた。前田に謀反の動きなどないことは、家康も知っている。だから釈明とはいうものの、それは「前田は徳川さまに絶対に逆らいません。従います」という姿勢表明に他ならなかった。その証しとして1、利長は秀頼の守り役を辞する。2、利長生母の芳春院（まつ）を全国の大名に先駆け、人質として江戸に送る。3、徳川家と前田家の縁組。これらの条件で前田の無罪を納得してもらい、前田家を安泰に導いた「もっとも信頼する」家臣こそは、先述した横山長知であった。

前田の釈明を受け、徳川家康は伏見から大坂城に入った。前田を告発した浅野長政は五奉行を罷免され、流された。でもその配流先は家康がしっかり庇護《ひご》できる武蔵の府中だったから、茶番だろう。このあと浅野家は、よくやってくれた、と江戸幕府から厚遇を受けた（広島の雄藩として幕末まで続く）。

3の縁組は、利長の後継者・利常《としつね》（異母弟）と、徳川秀忠の次女の珠姫の婚姻という形で実現する。関ケ原の翌年、珠姫はわずかかぞえ三歳で金沢に輿入《こしい》れする。いかに徳川家が前田家との婚姻を急いでいたか、北陸の雄・前田を重視していたかが分かる。利長は慶長十年、十三歳の利常に藩主の座を譲って、越中に移り住んだ（はじめ富山城、のち高岡城）。徳川家の婿となった利常を重んじる姿勢を内外に示したのである。

賢母・まつを家康の人質に送り出したのは？

ぼくの師匠の石井進という大学者は、学生に「おいしい仕事」の分け前を下さらぬ方だった。若いうちは一心不乱に勉強せよということだったか、それともアホな学生は眼中になかったか。その真意は測りかねるが、そのためにぼくやぼくの家内（同僚の本郷恵子先生）の「仕事を依頼されたら断れない」体質が醸成された。仕事を下さる？　ああ、ありがとうございます、ありがとうございます。

でも最近年齢を重ね、ムリがきかなくなった。引き受けた仕事で首が回らなくなる。職場のエレベーターに乗ったとき、思わず「あー厳しい」と声に出しそうになった。でも瞬時に「男子たるもの、これはかっこわるい」と思った。他人が見ていないところで練習を積み重ねたという落合博満の顔もチラついた。それで「あー」まで言ったところであわてて方向性を変え、「ひまだー」と続けた。結果、「あーひまだー」と呻《うめ》いて、エレベーターを降りた。

そうしたら！　その場にいた誰かからこの話を聞いた同僚のA先生に「おまえは熱意が足りない！」と叱られた。言葉のやりとりの中で「熱意」という表現になったが、要するに「おまえはヒマだそうだな、もっときっちり働け！」ということだ。唖然《あぜん》とした。歴史研究者たるこの人はまた聞きした情報をうのみにしている。「ウラを取る」という手順、実証するという作業をどう理解しているのだろう？

まあ、A先生のことはよい。問題は、歴史解釈である。このコラムでくり返しているが、歴史資料に「私はあなたを愛している」とあったら、それは額面通りの意味でいいのか。いや、愛していると見せかけて、裏で何か企《たくら》んでいるんじゃないかとか、そもそも真っ赤なウソだとか、種々の状況を考慮しなければいかんだろう。眼光紙背に徹す、行間を読む。それが本当の実証だろう。そういう理解のもと、ぼくは歴史事象を見ている。

それで前田利長《としなが》の、徳川家康への謝罪の一件。大黒柱・利家《としいえ》亡きあと、家康は前田に謀反の企てありと言いがかりをつけた。従来の話だと、ここで利家の妻、賢母おまつの出番となる。おまつさんが利長に言い聞かせる。これからは徳川の時代だ。家康に逆らってはダメだ。私は率先して人質として江戸へ行く。前田家のことは頼んだ。もちろん大河ドラマの

『利家とまつ』もそういう路線だった。

でも、前回紹介した「二人の長知の斬り合い事件」からすると、この認識は改めるべきではないか。というのは、前田利長の命によって横山長知に殺害された太田長知は、おまつの甥《おい》だった。太田グループに属する奥村家や村井家は昔から利家の股肱《ここう》で、おそらく親・豊臣派を形成していた。村井長頼はおまつに従って江戸詰となり、そのまま江戸で没している。このことからすると、家康に服従し、おまつを江戸へ送る決断をしたのは、あくまでも利長だろう。

関ケ原の戦いの時の前田軍の動きは、実に不可解である。東軍に味方することを明らかにした利長は、七月下旬に二万以上の大軍を率いて金沢を出発。前にお伝えしたとおり大聖寺城を落として越前に入る。ところがここで突如として軍を返して金沢に戻ってしまう。八月八日のことで、そのため九月十五日の関ケ原の戦いそのものには前田の軍勢は参加していない。なぜ、前田軍は反転したのか。

ぼくはこれは、前田軍の中に意志の不統一があったためではないか、と考える。前田の敵は徳川か、豊臣か。利長は前田家存続のためには豊臣を敵とするのもやむなしと割り切ったが、いまだ徳川と一戦すべきではないかと考えるグループがあり、その勢力に担がれたのが、利長の弟、おまつが産んだもう一人の男子である利政《としまさ》だったのではないか。だから戦後、利政は領地の能登国を没収され、それは利長に与えられたのだろう。

おまつは十一人も子を産んだのに、結局は自分の血を金沢藩主家に残すことができなかった。浪人した利政をなんとかもう一度世に出したいと願っていたようだが、それは叶《かな》わなかった。利政は浪人のまま京都で没し、彼の子は利長の後継者、利常《としつね》に召し出されて仕えた。これが前田土佐守家（石高一万一千石）である。おまつのＤＮＡは家臣の家に残ったのだ。

（途中で養子による相続はあり）

おまつは江戸から利長に「早く金沢に戻りたい」「もう一度あなたに会いたい」と手紙を書いている。利長も母を慕う手紙を書いている。けれども、だからといって政治がそれを許すかといえば、そんなことはない。政治家・利長は自分の感情だけでは動けないのだ。

おまつが金沢に帰れたのは、利長の死後の慶長十九年（一六一四年）だった。親・豊臣の旗印になり得るおまつの帰国を拒んだのは、幕府ではなく、利長だったかもしれない。彼女はその三年後、金沢で亡くなった。

まつに仕え新藩主の母となった寿福院の痛快さ

ぼくが暮らしている千葉県市川市は「千葉県の鎌倉」といわれ、古いものが豊富に残っている。なかでも日蓮宗の名刹として名高いのが中山法華経寺で、学問的にたいへんに価値の高い「中山法華経寺文書」が遺《のこ》されている他、関東には珍しい五重塔を見ることができる。高さは約三一メートル。京都・東寺の五重塔の約五五メートルと比べるとほぼ半分くらい。小ぶりで、とてもかわいらしい感じがする木造塔である。

この塔を建てたのは、お寺の所伝によると日蓮宗信者として名高い京都の芸術一家、本阿弥家であるが、援助をしたのが前田利常《としつね》の生母、寿福院《じゅふくいん》ことおちょぼさん（一五七〇～一六三一）であった。このおちょぼさん、なかなか痛快な人物なので、ぜひ紹介してみたい。

彼女の父は朝倉家に仕えていた武士だった。でも、全く無名の人。朝倉はご存じのように信長に滅ぼされたから、父は浪人になったのか討ち死にしたのか。収入源を失ったとおぼしき彼女は、どういう経緯か分からないが、利家《としいえ》の妻であるおまつに仕えることになった。利家が越前府中で禄《ろく》を食《は》んでいた頃（一五七五〜八一年）のご縁だとすると、少女の時分からおまつに仕えていたことになる。

彼女に転機が訪れたのは、朝鮮出兵だった。前田利家は渡海こそしなかったものの、肥前・名護屋に詰めていた。おまつは「殿の身のまわりの世話をお願いね」とおちょぼさんを送り出した。するとおちょぼさんは、おそらくはおまつが期待していなかったことにも関与して、一五九四年に利家の子どもを産んだ。これが利家には四番目の男子となる利常であった。

先に述べたようにおまつは利家との間に十一人の子を産んだが、三人はおそらく小さいうちに亡くなり、成人したのは八人。このうち男子は二人だけ。前田家の後継者となった利長《としなが》には男子がおらず、弟の利政《としまさ》はおそらく関ケ原で西軍と連絡を取っていたために失脚。それで利長は異母弟である利常を養子に迎え、金沢藩の二代藩主とした。しかも利常に徳川のお姫様（徳川秀忠の次女）を正室として迎えたので、徳川との縁を重んじて彼は早々に隠居。金沢城を出て、越中に居を移した（はじめ富山。のち高岡）。加えておまつは人質として江戸にいた。

さあ、こうなったら、おちょぼさんに怖いものはない。新藩主の母として、大きな権力をふるいだした。かつて主人として仕えたおまつに対しても、彼女は「もう今は対等よ。いいえ、私の子が前田の家を継ぐんだから、私の方が上よね」という感じで頭一つ下げなかったという。

このあたり、豊臣秀頼を産んで、正室の北政所を大坂城から京都に追っ払った（真実はともかく、端《はた》からはそう見える）淀《よど》殿に似ているかもしれない。ともかく「おふくろ」（当時もこう呼ばれていた）というのはすごいものだ。

おちょぼさんは熱烈な日蓮宗の信者だったので、藩の金をばんばん使って、日蓮宗寺院を建てた。能登半島に妙成寺《みょうじょうじ》というそれは立派なお寺（本堂や五重塔など、なんと十棟が重要文化財）があるが、これはおちょぼさんが再興（実質は創建）したもの。しかも自分のお兄さんを僧侶のトップに据えている。この他、身延山にも池上本門寺にも彼女の事跡が残っている。それに中山法華経寺。加賀百万石ともなると使える金額が桁違いなのか。それにしても彼女の金の使い方はすさまじい。

江戸時代は武家の女性にとって、一番肩身の狭い時期だったように思う。「幼にしては父兄に従い、嫁しては夫に従い、老いては子に従え」などとむちゃくちゃなことを言われた。「子なきは去れ」や「腹は借りもの」にいたっては、よくもそんな人間性を踏みにじったことを言えたものだと思う。だが、まだ江戸時代の初めには、こういうバブリーな女性もいたのだ。

息子の利常は「鼻毛の殿様」として有名である。鼻毛をのばし、ぼーっとしていることが常だった。見かねた家臣が注意をすると、「ばかもの。私が愚鈍な様子をよそおっていれば、それだけ幕府は安心するだろ。そうすると、前田の家は安泰なんだ」と真意を伝えたという。まあうそだか本当だか分からないが、ありそうな話ではある。でも藩主が一生懸命アホのふりをしても、おふくろさまがこれだけ派手にやっていたら台無しではないか。彼女のような生き方はおもしろいし魅力的だが、おまつさんにしてみると、悔しくてたまらなかっただろう。

ちなみに彼女、江戸藩邸で天寿を全うして死去した。墓は妙成寺にある。前田家代々の墓がある野田山には入れてもらえなかったようだが、そんなことでへこたれる人ではなさそうだ。

カルロス・ゴーンと源実朝

だいぶ前になるが、近世史を専門とする同僚に「一両って、今のお金だとどれくらい？」と聞いたことがある。すると彼は「いや、正確なところは分からなくて、どうのこうの」と言い始めた。ああ、こりゃあダメだ、と思って会話を切り上げた。

江戸時代と現代と。精密な比較ができるわけがない。それは分かりきっている。あくまで、ざっくりとした話で良いのだ。よく「十両盗めば首が飛ぶ」とか「間男七両二分」という（十両盗むと死刑、不倫の慰謝料の相場は七両半の意）。このとき一両が一万なのか十万なのか百万なのか。近似値が分かれば話は具体的になるではないか。でも、研究者は往々にしてこの手の「ざっくりとした話」を嫌う。表向きの理由としては「いい加減な話はできない」なのだが、ぼくには勇気がないだけ、もしくは創意工夫に欠けるようにしか受け取れない。あ、ちなみにぼくは一両はだいたい十万円で良いと計算しています。

先日ある雑誌のAという記者さん（面識なし）から急ぎの電話があり、日産のゴーン失脚を本能寺の変になぞらえて説明できないか、と尋ねられた。上からそういう趣旨の記事を書くよう指示された。でも自分でも「無茶《むちゃ》だな〜」と思って困っていると、同僚に「本郷ならおっちょこちょいだから相談に乗ってくれるかも」と言われたので、藁《わら》にもすがる思いで連絡してきたという。Aさんが経済に関してはしっかり取材をしていて、かつ誠実な記者であることは電話口で分かった。力になってあげたい（取材料目当てでは断じてない）。でも、臆測でべらべらしゃべることはできないので、時間をもらって自分でも基本的なところを確認してみた。

その結果なのだが、たしかにゴーンさんという人は専制的で剛腕と評され、大きな成果を出している。この点に関しては信長を持ち出してもまあいいだろう。自身が抜擢《ばってき》した部下に告発されて失脚した。ここも本能寺と同じだ。だが、告発した西川さんが「自己の利益」を動機として反旗を翻したようにはぼくには感じられなかった。素人判断だが、彼は「日産全体の利益」を慮《おもんぱか》った結果、今回の挙に出たように見える。一方、明智光秀だが、彼が「織田家のため」もしくは「日本全体のため」に反乱したとは、（そういう説もあるにはあるが）

考えられない。この点で、日産事件と本能寺は根本的に異なる、と判断した。

では、何か他の歴史事例はないのかと考えたところ、あ、「源実朝の暗殺」があるじゃないかと思いついた。承久元年（一二一九年）正月、鎌倉幕府の三代将軍源実朝が鶴岡八幡宮で甥《おい》の公暁《くぎょう》に殺害された。実行犯は公暁だが、彼を教唆していたのは誰か。通説では北条義時。ここに作家の永井路子先生が北条氏に次ぐ豪族、三浦氏黒幕説を唱えられた。後鳥羽上皇説もある。ぼくは普通に北条義時で良いと思う。あるいは「実朝もはや不要」は鎌倉御家人の総意と見る。

実朝の父は幕府を立ち上げた源頼朝だが、彼は常に関東の武士たちと共にあろうと努めた。京都で育った都人であるのに、成功してからも草深い鎌倉を動かなかった。糟糠《そうこう》の妻である北条政子を大切にし、京の文物に親しもうとせず、後白河上皇にもの申し、上京したのも僅か二度。これに対し、実朝は万事「みやこ風」を好んだ。和歌を詠み（師は藤原定家《さだいえ》）、妻を貴族から迎え、家庭教師も京から呼んだ。後鳥羽上皇への忠節を表明し、官職を積極的に獲得し、ついに右大臣に昇った。上皇は彼を従わせることにより、関東の武力をコントロールしようと目論《もくろ》んでいたとぼくは思う。

こうした彼を見て、鎌倉の武士たちは「実朝さまはもともとが『貴種』であって、おれたち田舎武士とは違うんだよな。なんだか京都の貴族さまみたいだ。本当におれたちのために行動してくれてるのかな？　朝廷の方が大事なんじゃないのか？」と疑問を持つようになっていった。もう「外来」の源氏将軍家はいらない、これからは関東武士の手によって幕府を運営していこうと考えていた北条義時は、三浦氏や他の有力御家人にも根回しをした上で、実朝の排除に踏み切ったのではないか。

こう見ていくと、ゴーンさんは源実朝の立場とよく似ている。実朝自身は辣腕ではないが、全体の構図を見たときに。実朝の背後に後鳥羽上皇がいて、ゴーンさんにはルノーを通じてフランス政府があるらしい、というところもそっくりだ。実朝を失った後鳥羽上皇は自ら鎌倉幕府の追討に乗り出す（承久の乱）が、さて、フランスはどういう動きを示すだろうか、で記事を締めくくれば良いではないか。オチまで付けて、これでどう！　と勇んでA記者に提案してみたのだが、「いやあ、源実朝なんて誰も知らねえよ、と上に怒られましてね……」。結局ボツになった。いや、世の中ままならぬものだ。トホホ……。

「金沢のおふくろさま」の墓

おちょぼさんは金沢のおふくろさま。大坂のおふくろさまというと、言わずとしれた淀《よど》殿。大坂城の城主は豊臣秀頼だが、真の城主が彼女であったことは疑いない。大河ドラマも「おんな城主」と銘打つからには、たぶん実は男性だったであろうし、加えて男性でも女性でも大勢に影響のない井伊直虎などではなく、淀殿を取り上げるべきじゃなかったかなあ、と今でも思う。

ちなみに淀殿は少し前までは淀君と言われていた。だが、「君」というのは江戸時代の蔑称であるから淀殿にすべきだとか何とか議論があったので、ぼくも淀殿と表記している。本当はどちらでもよい。そんなことを言い出したら、古代の「倭」も、良い意味の漢字ではないので使えなくなる。でも、長いものには巻かれろ、で淀殿。

では質問。淀殿の本名はなに？　当時は夫婦別姓だから、姓は浅井になる。これまた「あさい」とも「あざい」とも言うが、どうでも良い。『和名抄』などにはどちらも載っている。現地では「あざい」だ、という意見もあるけれど、これまた、それを言い出したらきりがない。大河ドラマ『平清盛』の時代考証をやったとき、「富士川の戦い」の場面で、地元では「ふ『じ』かわ」と「じ」にアクセントを置く、「ふじがわ」ではない、とクレームが付いてそれに従ったが、重箱の隅をつつく話は嫌いだなあ。「まっさかうし」でも「まつざかぎゅう」でもおいしければ良いじゃん、というのがぼく。大ざっぱすぎるか。

あ、淀殿の名前。「浅井茶々」と考えた人が多いだろうが、「茶」を二つ重ねるのは、たぶん「まつ」をおまつ、「くま」をおくまと呼ぶようなもので、ゴロを重視した一種の美称ではないか。だから、彼女の名は「浅井茶」が正しいと考える。加藤茶みたいで面白い。また、ついでに言うと、秀吉の正室の北政所は「ね」が名前なのだろう。それを美称で「お」をつけて「おね」、あるいは二つ重ねて「ねね」と呼んだ。まあ、どちらにしろ、歴史学的にはそれほど重要な話ではない。

夫婦別姓の議論で、日本も（中国や朝鮮半島と同じく）昔は夫婦別姓だった、という主張がされる。確かにそうだが、これは妻が夫の権力から自立していた、という話ではない。父親の家父長権が女性を死ぬまで拘束していた、と解釈すべきだ。

では、いつ頃から女性が夫の姓を名乗るようになったか。実はよく分からない。考古学の友人に聞いたところ、戦国時代には、「夫婦墓」が作られたらしい。これが江戸時代になると「家族墓」に変わった。「本郷家之墓」的な、今も普通に見ることのできるものである。その成立が元禄くらいまではさかのぼれる。この家族墓に入るようになると、さすがに夫婦別姓ではないだろう。たぶんこの頃に夫婦同姓になるのではないかとぼくは考えているが、さてどうか。

先に見たように、おちょぼさんは前田利常《としつね》の母として結構派手にやっていた。だが、前田家の由緒正しき野田山墓地には葬られていない。彼女が眠っているのは、能登の妙成寺《みょうじょうじ》である。前田家の人間と認められていないようにも見えるが、彼女ならば屁《へ》のカッパであろう。

面白いのは、前田利長《としなが》のお墓である。彼は金沢藩の初代藩主として野田山に正室（織田信長の娘）とともに眠っている。ところが、彼の墓はもう一つある。彼が最後の居所とした越中・高岡に壮大な伽藍《がらん》を誇る瑞龍寺《ずいりゅうじ》があるが、それに隣接して巨大なお墓が立っているのだ。寺も墓も、利長の菩提を弔うためのもので、利長の養嗣子となった利常の命で造られた。利常にしてみれば、父は前田利家《としいえ》であるが、おやじの顔など覚えてもいない（親子の対面は一応しているが、一度だけか）。自分を後継者として指名してくれて、未来を切り開いてくれたのは、兄であり養父である利長だ。利常はそう思い、利長を敬慕し、その菩提を厚く弔ったのだろう。

　とすると。なんで利常は生母のおちょぼさんの墓を野田山墓地（歴代藩主、正室、子女の墓が並ぶ）の中に設けなかったのか。側室だから、というのはまず答えとして穏当なところである。だが本当に母親を慕う気持ちが強かったら、まだ造られはじめたばかりの野田山墓地なのだから、生母は別格、というようなやり方もあっただろう。

　利常は金沢藩の体制を確立した名君と称される。子の利次《としつぐ》に富山藩（十万石）、利治《としはる》に大聖寺藩（七万石）を立てさせ、金沢本藩の表高百三万石を確定したのも彼である。その利常なら、「藩主の生母は野田山に」くらいのルールを制定していてもおかしくない。

　でもそうしていないところを見ると、彼は表面的な親孝行（すでに儒学が国全体の学問として推奨されていた）というのは別として、心の中ではこの派手な母親に苦手意識を持っていたのではないかと想像する。

武家にとっての金銀といくさ

前田家のおちょぼさんの成り上がりストーリーを紹介したが、彼女がお金を使いまくった話は、前田利家《としいえ》のことを思い出すと一層おもしろい。というのは、利家はケチ、じゃなかった、人一倍倹約家だったのである。

算盤と書いて、使わなくなった子どもたちは読めないのではないか。もちろん「そろばん」で、「読み・書き・そろばん」は初等教育の基本とされてきた。使わなくなったと書いたが、頭を軟らかくするため、お子さんをそろばん塾に通わせているご家庭は今も少なくない。

そのそろばん、十五世紀初頭には日本で使用されていた。最古の現物は前田家の貴重な文物を伝える尊経閣文庫にある（近年さらに古いもの発見？　というニュースがあった。こちらは黒田官兵衛の重臣、久野重勝が豊臣秀吉から賜ったもの）。利家が愛用した品で、彼は戦場にもそろばんを持参した。槍《やり》働きだけでなく数字にも強かったので、領国経営に秀でていたのか。

数字を常に念頭に置いていた利家は、お金を大切にした。それは妻のおまつさんからは時として吝嗇《りんしょく》に見えた。天正十二年（一五八四年）、秀吉と徳川家康とが争い、北陸では秀吉方の利家（当時、能登一国と北加賀、四十万石ほどを領有）と家康方の佐々成政《さっさなりまさ》（越中一国。利家と同じく四十万石ほど）が戦闘状態にあった。九月、成政は一万五千と称する大軍で能登国末森城（石川県羽咋郡宝達志水町）を包囲した。この城を奪われては能登と加賀が分断される。直ちに後詰め（籠城する味方への援軍のこと）に出なくてはならない。利家は急ぎ軍勢を整えようとするが、なかなか十分な兵数が揃《そろ》わない。

ここで『川角太閤記《かわすみたいこうき》』はおまつさんを登場させる。彼女は蔵から金銀が入った革袋を持ち出して夫を厳しく非難する。私が口を酸っぱくして、才ある武士をもっと召し抱えなさいませ、と申し上げていたのはこうした時の為《ため》なのです。それなのにあなたは蓄財ばかりして、私の忠告に耳を貸そうとしなかった。だからこのざまです。あなたが大切にする金銀に槍を持たせ、戦ってもらったら良いではありませんか！　痛いところを突かれた利家だが、集めた二千五百の兵を率いて出撃。なんとか機転を利かせて佐々軍を斥《しりぞ》け、末森城の防衛に成功した。

おまつの話はどこまでが史実かは分からない。だが、二人三脚で戦国を生き抜いたこの夫婦の様子を生き生きと伝えてくれる。それに実のところ、この「家臣の雇用」というマターは大名にとって大問題なのだ。やみくもに多くを雇えば人件費で領国経営が破綻する。少ないと非常時であるいくさの時に困る。それに家臣は数か質か、という問題もある。予算が一万石として極端な例を出すと、抜群の士を五千石で二人雇うか、百石取り百人にするかというような判断である。現在の企業経営者と同じ悩みを、大名たちは抱えていた。

金銀といくさ、というともう一つ有名なエピソードがあるので紹介しよう。関ケ原の戦いの時の、黒田官兵衛の話である。

彼は九州の中津城（現在の大分県中津市）にいた。黒田家は十七万石ほどの領地を有していたが、そこで編制される正規の黒田軍の大半は当主の長政の統率のもと、東軍の徳川家康に従っている。隠居の官兵衛はわずかな家臣とともに留守番。だが、さすがの官兵衛はここから動き出す。旧領の豊後を取ろうと挙兵した大友義統《よしむね》を石垣原の戦いで打ち破った後、九州北部を転戦して平定。ついには島津領に攻め入る勢いを示すのである。

この時点で本州での戦いは家康が勝利し、九州の戦いも終了した。家康は、何のために戦ったか分かったものではない（まあ、実際そうだった）、と官兵衛の働きには褒賞を与えなかった（長政の働きは大いに認め、日本の玄関たる商業都市博多と筑前一国を与えた）が、官兵衛のことだからきっと苦笑いして納得したことだろう。

問題は九州を席巻する大規模な軍事活動をどうやって実現したかなのだが、その核になったのは金銀らしい。官兵衛は蓄えていた金銀をすべて放出して浪人を急遽《きゅうきょ》雇い入れ、即席の黒田軍を編制してまず地元で戦い、そこでの勝利を足掛かりに雪だるま式に兵数を増やしていった。

中津城で金銀の現物を大放出して山となし、募集に応じた浪人たち（宮本武蔵がその中にいたという説がある）を一列に並ばせ自らの手ですくい取らせる。中にはこっそりと列の最後尾に並び直してもう一度、という者もいた。左右の家臣がそれを指摘すると官兵衛は笑って「放っておけ。それだけ自分の働きに自信がある証拠だろう。それよりもお前たち、いつもおれのことをケチだケチだと陰口をたたいていたようだが、金っていうのはこうやって使うのだよ」と言ったという。かっこいいオヤジである。

北条政子と「ライオンの子殺し」

日本では古くから「家」が人を拘束してきた。女性もまた生まれた「家」から自由にはなれず、成人後も、また結婚後も「家」を体現する家父長の影響下にあった。結婚後も旧姓を名乗ったのはその表れだろう。

戦国時代には嫁に入った婚家と実家の間で引き裂かれた悲劇の女性がいた。たとえば、夫・浅井長政を兄に殺されたお市の方。武田信玄も細川忠興《ただおき》も妹の夫を滅ぼした。こうした時、女性たちは「自分の家」に戻って静かに暮らすのである。その心中はいかばかりであったろう。

一方で自分の実家の方を積極的に大切にした女性もいる。たとえば伊達政宗の母。彼女は伊達家を出て、実家の最上《もがみ》家で暮らしていた。また、婚家より実家、の代表といえば北条政子を挙げることができよう。彼女は自分の産んだ頼家・実朝という二人の男子を、北条家の覇権を築くために犠牲にしている。

源頼朝亡き後、幕府は源氏将軍の専制を続けることも可能であったし、有力御家人の合議体制を推進する（一時、格別のリーダーを置かない十三人の合議制が実現した）ことも可能だった。政子はそれを選択しなかった。頼朝が作った武士による政権を守る、という美名のもとで、北条家の覇権の獲得をサポートし、時に自らリードした。元来が有力家でない北条家が強引にのし上がるのだから、その過程では陰惨な陰謀が企《たくら》まれ、御家人たちは罪なくして粛清され、二人の将軍は殺された。頼朝の血を引く御曹司は次々に命を落とした。政子は嫁に行った「源氏」の一員ではなく、徹頭徹尾「北条家の人」であった。

ぼくは親子の情愛という意味では、比較的恵まれた家庭に育った。だから、子どもを守ることが親の務めだと思っていたし、とくに「母と子」の結びつきほど強固なものはない、と考えたい人間であった。そうしたぼくからすると、自分がおなかを痛めた子どもより権力を、という政子の行動は、若い時から理解不能だったし、好きになれなかった。

母が子の命を奪うなんて、あり得ない。政子は権力亡者である父の時政《ときまさ》、弟の義時《よしとき》にいいように利用された哀れな女性なのではないか。ぼくはひところそう解釈していたことがある。だが承久の乱が起きたとき、彼女は武士の政権を守れ、と御家人たちに檄《げき》を飛ばし、彼らの心をぐっとつかんだ。幕府討伐という危機を乗り切った功績ナンバーワン、といって差し支えない。

政子は演説（実際にみなに申し渡したのは安達景盛《あだちかげもり》だった）で、頼朝の恩を忘れるな！と獅子吼《ししく》する。ところが実際は幕府は「源頼朝とその仲間たち」から「北条義時とその仲間たち」へと、すでに衣替えを完了していた。頼朝の名を高く掲げて、義時のための戦いを遂行する。御家人をして、北条家のために命を捨てさせる。巧妙な計算のもとにそれを成し遂げている彼女の姿は、絶対に「哀れな女性」などではあるまい。「私の北条家」を中心とする幕府。それを作り上げたのは、まさに政子だったと思う。

イヌやネコもそうだが、動物のお母さんは献身的に子どもを育てる。人間を動物としてみるなら、この事実が「母と子」の緊密な結びつきを証明してくれるのでは？　ぼくはそう考えていた。だが、残酷な例はあるのだ。たとえば「ライオンの子殺し」である。ライオンは一頭（二〜三頭のこともある）のオスを中心に複数のメスが群れを作り、メスは群れのための狩りをするとともにオスとの間の子どもを育てる。ところがそこに新しいオスがやって来て、群れを乗っ取ることがある。このとき、新しいボスになったオスは、なんと自分の遺伝子を持たない子ライオンを殺してしまう！　母ライオンは子どもを守ろうとするがかたちだけ。子を失ってメスになると、発情して、新しいオスとの子を作る準備を整える。

自然界はやはり厳しい。源氏というかつてのボスは始末された。ボスの座を巡って血が流れ、北条氏という新しいボスが君臨する。すると、源氏のボスの子は殺されてしまうのだ。新しいボスの後継者の決定に多大な貢献をしたメスは重んじられる（ニホンザルの群れだと、メスの支援を取り付けないと、絶対にボスになれない）が、前のボスの子どもはやはり殺される。

中国では武則天の例がある。自分の子は手にかけていないが、漢帝国成立時の呂后の行動も参考になる。政子はやはり、嫁入りした源氏よりも、実家である北条氏に自己のアイデンティティーを見出《みいだ》していた。先に取り上げたおちょぼさんの場合は、生まれた家が政子よりももっと貧弱だったから、嫁入りした前田家より実家、ではなく、前田家より「わたし」になったものと理解できる。そうすると、前田家の人々と野田山墓地で眠るより、わたし一人、帰依していた妙成寺に眠れてラッキー！　くらいのことを言いそうである。

徳川家の婚姻政策を担った満天姫

前回は嫁ぎ先の家に縛られない女性の話を書いたが、江戸時代になると、婚家が女性に重くのしかかってくる。姓も変えて夫の家の一員になりきることが求められ、跡継ぎの嫁ともなるとわりと最近まで、夫の父母の面倒を見ることが「当たり前」と受け止められた。これはさすがに、おかしな話である。

加賀のおちょぼさんより一世代（当時の一世代は二十年で計算する）若い人で、満天姫《まてひめ》（一五八九?〜一六三八）という女性がいた。父は松平康元。

徳川家康の生母のお大《だい》の方は初め松平広忠に嫁いで男子（後の家康）を産んだが、政治状況の変化で実家に戻され、小豪族の久松家に再嫁し三男四女をもうけた。のち久松家の三人の男子は、異父兄である家康から松平の姓を下賜され、久松松平家を形成した。三人のうち末の定勝の家は伊予・松山十五万石の殿さまを出すなど繁栄した。ＮＨＫアナウンサーであった松平定知さんは、この定勝系である。

満天姫の父の康元は三人の男子の長子。下総・関宿四万石を領した。彼の娘は多く家康の養女となり、徳川家の婚姻政策を担った。満天姫はその中でも、とくに重要な役割を果たした。すなわち、一五九九年に福島正則の養嗣子・正之に嫁いだのである。当時大名同士の勝手な縁組は禁じられていたが、家康は豊臣子飼いの代表たる正則を味方に引き入れるべく、正面から禁を破って婚姻を実現した。

こののち正則は一貫して家康に従った。あの福島殿ですら徳川様に与《くみ》するのか、という感慨は去就に迷う多くの大名に影響を与えただろうから、家康の天下取りにあたって、満天姫の働きはきわめて大きかった。

ただ、彼女には思わぬ不幸が待ち構えていた。夫の正之が乱行を理由に幽閉され、若くして亡くなったのだ。実子・忠勝が生まれたので正之がじゃまになり、正則が彼を亡き者にしたとの説もある。そのため一六〇七年、生まれたばかりの男子を連れて、満天姫は江戸に帰った。

一六一三年、姫の再婚が決まる。今度の嫁ぎ先は本州の北端・津軽の地。弘前五万石の大名、津軽信枚《のぶひら》の正室となったのだ。だが、ここにもまことに妙な問題があった。というのは夫になる信枚は既に正式に結婚していて、妻の辰姫《たつひめ》は、なんと家康に敵対した石田三成の遺児だったのである。満天姫との婚姻にあたり、辰姫を愛する信枚は彼女と別れようとしなかった。正室から側室に格下げし、津軽藩の飛び地である上野《こうずけ》・大館に住まわせて参勤交代の機会に彼女と会っていたのだ。リアル「織姫《おりひめ》と彦星《ひこぼし》」である。

話は更《さら》にややこしくなる。一九年、辰姫は男子を産んだ。翌年、満天姫も男子を産んだ。普通なら正室の子が後継者になる。しかもその子が、家康の義理とはいえ孫となれば当然そうなる。ところが、信枚はよりにもよって三成の血を引く辰姫所生の男子を跡継ぎに指名した。しかも幕府はこれを認めてしまう。このあたりの経緯をどう解釈したら良いのか、いまもってぼくにはよく分からない。

一九年、彼女がかつて嫁いでいた広島の福島家が転封を命じられた。福島正則は居城・広島城を幕府に無断で修繕した。そのため、『武家諸法度』違反と判断され、大幅な減封（五十万石余から五万石ほどに）の上、国替えされることになったのだ。そして、その左遷先というのが満天姫のいる弘前。これにともなって、津軽家は信濃への国替えの内示を受けた。

参勤交代の経費を考えると、信濃への国替えは悪い話ではない。むしろ幕府は、満天姫の存在を考慮し、津軽家に好意的だったのかもしれない。だが、なんといっても津軽平野は父祖代々の地。ここから離れるのは忍びがたい。そのために津軽家は懸命に幕府に働きかけ、転封の話を「なし」にしようとした。満天姫もその線で動いたらしい。結局、願いは聞き入れられ、国替えは白紙に。福島正則が直接、信濃の高井野（現在の長野県上高井郡高山村）四万五千石に移ることになった。

最近の研究は、この福島家の左遷は『武家諸法度』に違反したのだからやむを得なかった、という解釈を提示しているという。同じこと（居城の無断修繕）をやったら、かりに福島家が譜代の○○家でも、左遷という結果は同じであったとするのだ。ぼくはこれには異議を唱えたい。従来の説、すなわち福島家は豊臣子飼いで、いわば「要注意」の家だった。だからこそ、些細《ささい》なことを理由として処罰された。幕府は福島家がスキを見せるのを今か今かと待っていた、という説の方が納得ができると思う。それが政治というものではないか。

もはや満天姫とは関係なさそうな福島家のことを書いたのには、理由がある。この福島家の衰退が、思わぬところで満天姫を悲しみに突き落とすことになるのだ。それはまた次回。

「お家」に殉じ堪忍を強いられる女性

元和五年（一六一九年）、安芸・備後の太守・福島家は台風で破壊された広島城を修繕したが、これが居城の作事は必ず公儀へ届け出よ、とする『武家諸法度』違反に問われた。藩主の正則は二カ月前に言上したつもりだったが、幕府はそれを公的な届けと認めず、正式な許可を出していなかった。

福島側の言い分としては、城の防御力を高める工事ではない。雨漏りする部分を修繕しただけ。江戸にいた正則が自ら謝罪し、修繕部分を破却するという条件で騒ぎは一旦は収まったのだが、幕府が要求した「本丸以外の修繕分も破却」という条件に対し、正則は本丸のみ破却をおこない、二の丸・三の丸の修繕分は放置した。

これを知った将軍・秀忠は「破却が不十分である」と厳しく咎め立てた。結果、安芸・備後五十万石は没収、一時話が出ていた弘前ではなく、信濃・川中島の高井郡など四万五千石

（高井野藩）に減転封の命が出された。こうした経緯を見ると、幕府は豊臣子飼いである正則の左遷を、虎視眈々《こしたんたん》と狙っていたと見るべきだろう。この広島城修繕一件でなくても、何らかの言いがかりを付けられ、正則は早晩失脚したのではないか。

移封後、正則は嫡男・忠勝に家督を譲ったが、その忠勝は翌年、早世した。このとき正則は二万五千石を幕府に返上している。このいかにも中途半端な行動が何を意味するのか、ぼくにはいまだによく分からないのだが、とまれ寛永元年（一六二四年）、正則は高井野（長野県高山村）で死去した。享年は六十四。すっかりやる気をなくしていたかと思えばさにあらず、領主であった五年間に、領内の総検地、用水の設置と新田開発、治水工事などの功績を残している。

正則死後、福島家はまた幕府に狙われる。幕府の検視役が到着する前に、正則の遺体を火葬したとして残りの二万石も没収されたのだ。幕府は正則の子・福島正利に旧領から三千石を与えて旗本とした。福島正利は跡を継ぐ子がないまま没し、福島家は一旦断絶した（のち再興）。

さて、ここで満天姫《まてひめ》が生活する弘前に目を転じよう。福島家の動向は、正則の転封騒ぎの時には津軽家に大いに影響を与えたが、その後は全く関係がないように見えた。ところがそう思わなかった人物がいた。家老・大道寺直英の養子、直秀である。

大道寺直英は波瀾《はらん》万丈の人生を送った人である。舎人という家に生まれたが、父が戦死。母が再婚した（実家ともいう）小田原北条家の重臣・大道寺政繁の養子になった。小田原が落城すると養父の政繁は切腹。直英は徳川家康の家臣となった。家康の九男の徳川義直（御三家の一つ、尾張家の祖）に仕えて大坂の陣で戦ったときに弘前藩主の津軽信枚《のぶひら》と出会う。新たな城の建設を考えていた信枚は、直英が築城のスキルを体得していることを知ってヘッドハンティング。家康・義直の公認を得て、直英は津軽家臣となった。

直英には実子がなかったので、養子を迎えた。これが直秀であるが、彼は満天姫が津軽家に輿入《こしい》れするときに連れてきた実子で、その父は福島正則の養子・正之。正之は正則の姉の子で福島家の後継者とされ、満天姫と結婚した。だが、前回紹介したように廃嫡され、若くして亡くなった。

この血統ゆえに、直秀は自身が立って大名・福島家を再興しようとしきりに策動を始めた。これを心配したのが、満天姫と養父の直英であった。いわば「ふだつき」の福島家とへたに関わると、今度は津軽家が危ない。満天姫は忠告するが聞き入れられず、直秀は江戸に上って運動すると言い出した。

奇妙なことに、江戸へ向かう直前、寛永十三年（一六三六年）九月、直秀は三十一歳で急死する。あまりに時期が時期であるし、急死する年齢でもなかったので、満天姫、もしくは直英が暗殺したのではないか、とする説が説得力を持つ。旅立ちに際し、暇乞《いとま》いに満天姫のもとを訪れた直秀は、出された酒を飲んだ直後、突然苦しみ出して絶命した（『大道寺家譜』）などという。ありそうな話である。

満天姫はどんな気持ちであったのか。婚姻政策の道具として徳川家康の養女とされ、豊臣子飼いの福島家に送られた。夫となった正之は義父の正則の心変わりで廃嫡され、早世。子どもを連れて江戸に帰ると、今度は北国の津軽家へ。正室であるのにおなかを痛めた子は石田三成の血を引く男子に藩主の座を奪われた。連れ子は福島家を継ぐと言いだし、おそらくはそれがために命を落とす。

一つ一つにどこまで姫の関与があったのかは定かではない。だが、気の毒の一語ではとても済まない事件の連続である。すべては「お家のため」。金沢のおちょぼさんが闊達に生きていたその頃に、「お家」に殉じ、ならぬ堪忍《かんにん》を強いられる女性が登場し始めていた。

第4章　近代の入口で

名蔵相・高橋是清の破天荒な生き方

今回はちょっと趣向を変えて、近代の人を。名前はもちろん知っている。だけど、こんなに波瀾《はらん》万丈だったとは！　ということで、この人。「ダルマさん」こと、高橋是清《これきよ》を取り上げてみたい。

彼は平民宰相・原敬《はらたかし》の暗殺を受けて第二十代の総理大臣も務めた（大正十年〈一九二一年〉～翌年）が、それより六度任じた大蔵大臣としての声望が高い。安倍総理も「高橋財政」を学んだといわれるが、経済の素人であるぼくは彼の財政における功績を十分には評価できない。ただ、彼の破天荒な生き方に驚嘆するばかりである。

是清は嘉永七年（一八五四年）、父・川村庄右衛門と母・きんの子として、現在の東京都港区芝大門に誕生した。ただし父母は通常の夫婦ではなかった。幕府の御用絵師であった主人の庄右衛門が奉公に来ていた十六歳のきんに手をつけ、妊娠させたのだ。それで川村家の妻がきんに同情して実家に帰し、子どもを産ませた。それが是清であった。生後まもない彼は仙台藩の足軽・高橋覚治の養子になったが、その直後に高橋家には実子が生まれた。このため、彼は実母にも養母にも愛された記憶を持たなかったようだ。

幼名を和喜次といった彼は養祖母に育てられた後に寺の小僧に出された。いわゆる「悪ガキ」で、悪い大人と遊んで酒の味を覚えたり、ネズミを焼いて食べたり、女性にいたずらしたりといたずら三昧。ただし子どもの頃から利発で、横浜に行って滞在する外国人のボーイをしながら英語を学んだ。また、ヘボン塾（明治学院大学の前身）でヘボン夫人に学んだ。ちなみにこのヘボンはキリスト教の宣教師で医師。日本の医学の発展に多大な功績のあった人（一例では脱疽《だっそ》を患った三代目澤村田之助の手術をした）で、ヘボン式ローマ字の開発者としても知られる。「ヘボン」は今風にいうと「ヘップバーン」。オスカーを四回も受賞した名優、キャサリン・ヘップバーンはその一族にあたるという。

慶応三年（一八六七年）に自らつてを求め、勝海舟の息子・小鹿《ころく》らとともにアメリカへ留学。小鹿は無事に東海岸ニュージャージー州の名門・ラトガース大学に入学したが、是清はというと横浜にいたアメリカ人の貿易商、ヴァン・リードに学費や渡航費を着服されてしまった。さらにホームステイ先である彼の両親に騙《だま》され、オークランドの葡萄園に売られて、奴隷同然の労働を強いられた。ヴァン・リードは日本人のハワイ移住などでも事績のある人なのだが、この悪事で名が残っている。

苦労した末になんとか帰国した彼は、「生きた英語」を駆使して大学南校（のち東京大学）で教鞭《きょうべん》をとった。ところが酒好き（アメリカ行きの船中で、つまり十三歳の時に大いに飲んで皆を驚かせたという）な上に芸者遊びを覚え、身を持ち崩してしまう。芸者のヒモ同然の暮らしをするうちに職場をクビになり、縁を頼って唐津に赴いた。この頃、唐津は地域をあげて英語教育に取り組んでおり、英語教師として迎えられた十七歳の彼は藩知事（つまりは殿さま）の小笠原長国が月給三十円取るところを、百円を支給された。唐津での生活は一年三カ月。この時の教え子（といっても、年齢はほぼ同じくらい）に東京駅などを設計した辰野金吾、経済学者で早稲田大学学長になった天野為之《ためゆき》などがいる。

帰京した後にサンフランシスコで知遇を得た森有礼《ありのり》に勧められ文部省に入省、官吏になる。かたわら大学予備門で英語の教師をし、共立学校（現開成中学校・高等学校。東大進学者の多いあの開成である）の初代校長にもなっている。この頃の教え子には正岡子規や秋山真之《さねゆき》がいた。明治十七年（一八八四年）には商標登録所（のち特許局）の初代所長に就任し、日本の特許制度を整えた。

このあたりまではなんとか順調だったが、是清はまたやらかす。明治二十二年、官僚としてのキャリアをすべて振り捨てて、ペルーに渡った。なんでまた、と首を傾《かし》げたくなるが、あとで農商務次官となる前田正名（のち日本一の大地主と呼ばれた人）に勧められた銀鉱山の経営に乗り出したのである。ところが勇躍乗り込んではみたものの、現地に行ってみると銀はすでに枯渇していた。とんでもない大失敗。やむなく帰国したものの、家屋敷はすべて人手に。貧乏暮らしを余儀なくされる。

前田はさすがに悪いと思ったらしく（まあ、当たり前である）、是清を日本銀行総裁だった川田小一郎に紹介。是清は日銀に入行することになる。彼がはじめに手がけた仕事は日銀本店の新設工事の事務主任。このときの工事監督が安田財閥の祖である安田善次郎、設計は先述した辰野金吾。高橋はこの工事をみごとにやり遂げ（現在、この建物は重要文化財に指定されている）、手腕を高く評価された。

さて、このあとの是清の活躍は次回。こうご期待。

抜群に優秀なのに、他人に騙される

前回ご紹介した高橋是清《これきよ》の七転び八起き人生。唐津から帰り文部省入省から商標登録所（のち特許局）の初代所長になるまで、すうっと書いてしまったのだが、調べてみるところでも彼は挫折を味わっている。

まずは「今後は畜産事業が発展する、出資しないか」と言葉巧みに持ちかけてくる友人が現れる。是清はこの話に乗り長野まで視察に行ったが、実はサギ。財産を騙《だま》し取られ、友人は逃亡した。ついで、別の友人が「銀相場が儲《もう》かる。いっしょにやろう」とそそのかす。是清はまたも騙され、思惑買いに失敗してまたまた財産を失った。

その後、今度は良い友人の紹介で新設の農商務省に出仕。商標登録所所長になるも、ペルーで大破産。しかし是清はくじけない。明治二十五年（一八九二年）に今度は日本銀行に入行した。当時の日銀総裁は川田小一郎。土佐の人で、岩崎弥太郎、弥之助を支えて三菱の礎を築いた人物である。弥太郎の長男である久弥がアメリカ留学から帰国すると次世代の育成を説いて三菱を辞した。やがてその手腕と経歴を買われて日銀の第三代総裁となり、絶大な権力を持った。

なお岩崎久弥は三菱財閥第三代総帥。実業で活躍する一方で、上野池之端にある岩崎邸（重要文化財）を建て、江東区の清澄庭園と駒込の六義園《りくぎえん》を東京市に寄付した人物。また、川田の長男の龍吉は実業家で男爵。五十代半ばで引退すると、その後の人生で北海道農業の近代化に努めた。「男爵いも」は彼の爵位にちなんだもの。また龍吉は日本で初めて自動車を所有して自ら運転した人物でもある。

話を是清に戻そう。彼は入行の翌年に全国二番目（一番は大阪支店）の支店・日銀西部支店（下関に置かれた。のち門司へ移転）の初代支店長に抜擢《ばってき》され、ついで横浜正金《しょうきん》銀行本店支配人に就任した。横浜正金銀行は半官半民の特殊銀行で、日銀の国際金融部門を担当していた。ここで川田日銀総裁は語学に堪能な是清に国際金融を学ばせた。彼が「生きた経済」を体得したのは、まさにこの時だったと評価されている。明治三十二年（九九年）には日銀副総裁に昇進している。

明治三十七年（一九〇四年）日露戦争が起きると、是清は日銀副総裁として、戦費調達の大命を拝受した。戦時外債の公募のため、当時三十三歳の深井英五（のち日銀総裁。歴代総裁のうちもっとも経済理論に精通し、金融恐慌時は副総裁として井上準之助を支えた）を伴い、同盟国のイギリスに向かった。

このとき政府は一年分の戦費を四億五千万円と見積もり、そのうち一億五千万円を海外から得ることとした。ところが日銀所有の正貨（金と交換しうる貨幣）余力は五千万円程度しかなく、不足分の一億円を何としても外債で調達しなければならなかった。かりに当時の一円を現在の一万円と換算すると、一兆円になる。大金だ。

日本が大国ロシアに勝てるとは思えない。銀行家たちは外債の引き受けを渋った。ロンドンで是清は流暢《りゅうちょう》な英語を駆使して、日本が最後の一人までロシアと戦う気概を持っていることと、これまで一度も国際的な支払いを怠ったことがないことを力説した。これが功を奏し、ついに英国銀行家たちから五百万ポンド（五千万円）を獲得した。だが、まだ半分でしかない。

すると、ここで思わぬ幸運が。イギリスの友人が招いてくれた晩餐《ばんさん》会で隣り合わせたニューヨークのクーン・ローブ商会（当時、世界有数の投資銀行。のちにリーマン・ブラザーズに統合される）のジェイコブ・シフが日本についての様々な質問をした後に、残りの五百万ポンドを自分が購入しようと言ってきたのである。これで一億円の外貨獲得に成功！日本はロシアとの戦いに勝利したが、それを裏で支えたのが是清だったのだ。

シフはフランクフルト生まれのユダヤ人。裸一貫で渡米し、クーン・ローブ商会に入るとめきめきと頭角を現し、頭取になった。ユダヤ人に対する支援を惜しまない人だったが、とくにロシアの反ユダヤ主義を嫌悪し、そのこともあって日本の外債を引き受けた。結果として日本はロシアに勝利したので、「日露戦争で一番儲けた」と陰口をたたかれた。後にはレーニンやトロツキーにも資金援助し、帝政ロシアの打倒に助力した。

このあと是清は第七代の日銀総裁を務めてから政界に転身し、総理大臣にもなり、大蔵大臣には六度就任して辣腕を振るった。その時の彼の評価はしかるべき研究者にお任せしたい。六度目の大蔵大臣に在任中、二・二六事件に遭遇し、胸に六発の銃弾を撃ち込まれ、暗殺された。満八十一歳であった。

彼は抜群に優秀なのに、他人に騙され挫折する。人の良さが感じられ、ユーモラスでもある。でも銃弾はそうした部分に斟酌《しんしゃく》せず、問答無用で自分勝手な要求を突きつけてくる。その恐ろしさに、慄然とせざるを得ない。

徹底的な廃仏を行った最後の松本藩主

凄《すご》い本を読んだ。『寺院消滅　失われる「地方」と「宗教」』（日経BP社、二〇一五年）、『「霊魂」を探して』（KADOKAWA、一八年）と立て続けに問題作を著した鵜飼秀徳による『仏教抹殺　なぜ明治維新は寺院を破壊したのか』（文春新書、一八年）である。震えるほどに衝撃を受けたので、ふだんはやらないがご紹介したい。

明治新政府は発足してすぐ、慶応四年（一八六八年）にいくつかの法令を出し、融合していた神と仏の分離を命じた。古代から江戸時代に至るまで、日本では神と仏が共存していた。神社に三重塔が建てられ、寺院には住吉神、稲荷神などを祀《まつ》る小さな社があった。「南無、八幡大菩薩」という言葉を耳にしたことがあると思う。厳密には八幡は神であり、菩薩は仏である。

この「神仏混淆《こんこう》」の状態を国家が正式に否定した。これが「神仏分離令」といわれる法令だったが、問題はここから。これを機に、仏教を徹底的に破壊する「廃仏毀釈」の嵐が日本中に吹き荒れた。本書は丁寧な現地取材をもとに、この様子を克明に綴《つづ》ったルポルタージュである。

ぼくも歴史研究者として、廃仏毀釈の運動のあとに万世一系の天皇を中心とする国家神道が成立したことは、もちろん知っていた。だがこのムーブメントがかくも熾烈《しれつ》を極めたものであったことに度肝を抜かれた。この時の破壊がなければ、仏教芸術の国宝（建築物、仏像、絵画など）は、なんと現在の三倍の量になったはずだという。

それ以上に驚くべきは、政府の法令と廃仏毀釈の関係性である。勤王・佐幕を問わず、幕末の人々に多大な影響を与えたのは水戸学である。この政治思想は神道を重んじていて、それゆえに水戸藩では、葬送も僧侶ではなく神官の手に委ねられることが既にあった。そうした水戸学の影響下にあった明治政府が、仏教の否定に精励したとばかりぼくは思っていた。いや、ちがう！　政府はあくまで神と仏の分離を促しただけなのだ。それを受けた国民の側が、率先して寺院の破壊を行ったのだ。

なぜそうした動きが生まれたか。著者は自ら足を運んだ豊富な事例をもとに、次の四つの理由を挙げる。①権力者（たとえば地方自治体の首長など）の（中央への）忖度《そんたく》、②富国策のための寺院利用（本堂の木材を小学校建設に転用する等）、③熱しやすく冷めやすい日本人の民族性、④僧侶の堕落。

戸田光則《とだみつひさ》という人物がいる。昔ながらの天守閣を擁する松本城はお城ファンにはとても人気があるが、松本藩七万石の最後の城主だったのがこの人。あれ？　たしか戸田さんといえば大垣の殿様だったよな。鹿鳴館の華と謳《うた》われた戸田極子《きわこ》さんは岩倉具視の娘で、大垣の殿様の夫人だったはずだ。だけど、松本の殿様は戸田姓だっけ？　とぼくは不思議に思ったのだが、調べてみるとさもありなん。江戸時代を通じて、松本の殿様は「松平」を名乗っていた。だからぼくの記憶に「松本の戸田」がなかったのだ。

戸田家は三河に本拠を持つ室町時代以来の武家で、やがて徳川家康の家臣になった。家康は異父妹を本家筋の戸田康長に嫁がせ、松平姓を与えた。これが戸田松平家で、松本を領した。この家は江戸時代を通じて、栄えある松平を名乗った。なお、大垣の戸田は分家にあたる。

松本の最後の藩主、松平光則は迷っていた。松平家は譜代大名であり、幕府に従っていた。長州征伐にも参加した。けれど時代は薩長を主力とする官軍有利である。そこで彼は藩論を勤王にまとめ、遅まきながら明治政府軍に加わって戊辰戦争を戦った。下賜された三つ葉葵《あおい》の紋を捨てた。松平（源氏）の姓も捨て、戸田（藤原氏）に戻した。他になにか明治政府に従順な姿勢を示す手立てはないか。

そこで、神仏分離令である。神と仏を分離せよ。ああ、これは要するに、仏教を弾圧せよというお上のご意向なのだな、と光則とその周囲は忖度した。そこで戸田家の存亡を懸ける意気込みで、菩提寺の全久院を解体し、徹底的な廃仏を行った。そのために今、松本付近には、仏像や経典を備えた「古いお寺」がないのだ。これが先の①の実例である。②以下は次回。

スペースが余ったので、余計なことを。いまウィーン・フィルにヘーデンボルク兄弟（兄がバイオリン、弟がチェロ）が在籍している。もう一人ピアニストの弟がいてヘーデンボルク・トリオとしても演奏を聴かせてくれるが、彼らの母は日本人で、大垣の戸田家の一族だそうだ。それで大都市だけではなく、大垣でも演奏会を開いている。

伊藤博文の「女性大好き」は有名だが、彼の憧れの一人が前述の戸田極子さん。思いが叶《かな》ったかどうかは定かでないが、このスキャンダルが公になると、伊藤は彼女の夫をウィーンの全権公使に抜擢《ばってき》した。戸田家はウィーンとご縁が深いようだ。

もしも僧侶がみな良寛さんだったら

前回、廃仏毀釈の動きを話題にした。明治政府が「神と仏を分離せよ」と命じたところ、それを契機として、日本中に仏教を否定し寺院や仏像を破壊する動きが広がったのだ。それはどうしてかというと、『仏教抹殺　なぜ明治維新は寺院を破壊したのか』（文春新書、二〇一八年）を著した鵜飼秀徳は①権力者の中央への忖度《そんたく》、②富国策のための寺院利用（本堂の木材を小学校建設に転用する等）、③熱しやすく冷めやすい日本人の民族性、④僧侶の堕落の四つを理由として挙げる。このうち①は、先週紹介した。

ぼくがこの本を読んだときに慄然としたのは、実は③である。「偉いさん」の命令は確かに大きな強制力をもつ。先週の長野県松本市の事例はそれである。過小評価すべきではない。だが、統治される民衆がそれなりに学びを体得している段階では、「偉いさん」の独りよがりな意向はどこかに「抜け」を生む。廃仏毀釈運動の中でも、仏像をこっそり避難させたとか、お坊さんを匿《かくま》ったとか、そういう話もリポートされているのだ。

となると、徹底的に仏教が否定された地域では、③こそが主たる要因になっているのでは、という見方ができる。その地域に生きる人々こそが、仏教の排斥、否定の主体になったと考えるのである。そうでなければ、寺院を丸ごと消滅させることなど、できないのではないか。

ここでぼくは、鵜飼の見解に疑問を投げかけてみたい。明治の世を迎えた時に、日本人は果たして「熱しやすく、冷めやすかった」のだろうか。ここが思案のしどころである。

なぜ明治維新が成立したのか？　それは多くの人々が「このままでは列強の餌食だ。国のあり方を変えねばならない」と考えたからか。それともそれは一握りの「偉いさん」の考えであり、民衆は「ええじゃないか、ええじゃないか」とただ踊っていただけだったのか。正直なところ、この問いに十分な説得力をもって答えることは、今のぼくは勉強不足で、不可能である。ただ、当時の日本全体の識字率の高さ（正確な数字は分からないが、世界有数であったことは疑いない）からしても、この後の自由民権運動の各地域への広がりからしても、また歴史というもののあり方からしても、前者ではないかと思っている。

これと同様な見方を、廃仏毀釈にも適用する。すると、民衆は闇雲に破壊を楽しんだわけではあるまい、仏教を根こそぎ否定したからには、そうするだけの理由があったに違いない、という仮説が成り立つのだ。当然そうなれば、次なる疑問は、ではその理由とは？　となる。このとき、④が視野に入ってくる。

良寛さん。名前は誰もが知る。一七五八年に越後・出雲崎の富裕な名主の家に跡取りとして生まれ、一八三一年に同国の島崎村（いま長岡市域）に没した。家を捨てて曹洞宗の僧侶となり、備中・玉島（いま岡山県倉敷市）で厳しい修行を積み、師の印可《いんか》を得た後には放浪の旅に出て、やがて越後に帰り五合庵《あん》という草庵（いま燕市）を結ぶ。書を良くし、和歌を詠み、漢詩を作る。清貧を貫き、子どもと遊び、人々の敬愛を集めた。夏目漱石をはじめとする明治の文豪たちは、彼の作品から影響を受けているという。

「この宮の森の木下《こ》に子供らと遊ぶ春日は暮れずともよし」。もしも、江戸時代後期のお坊さんたちが、みな良寛さんであったなら。たしかに芸術的な表現に熟達することや、難解な教義を探求することは限られた人にしかできないだろう。だが、宗教者としての自覚のもとに厳しく生きる姿勢を見せれば、地域の人たちの尊敬は自《おの》ずと集まるに違いない。それが徹底されたものでなくて、しばしば羽目を外したにせよ、親しまれる存在にはなり得ただろう。そうした状況下で、廃仏毀釈はあっただろうか？……　そう単純な疑問ではないとは思うのだが、なかったのではないか、とぼくは思う。仮にあったとしても、仏の破壊にまではいかなかったと思うのだ。

江戸時代、寺は葬送を一手に引き受けるようになった。それから地域の戸籍を作成し、保管した。つまり民衆を統治するシステム上に重要な位置を占め、僧侶は役人としての性格を身にまとうことになった。その時、彼に驕《おご》りはなかっただろうか。もしも「お上」に連なる者としての振る舞いに権威主義的な要素が見え隠れしたとすると、それは廃仏毀釈は厳しいものになっただろうなあ、と容易に想像がつくのである。

ぼくたちはいま、イスラム系の過激派組織が他の宗教に厳しく接することを批判する。タリバーンによるバーミヤン大仏の破壊の報に接したときは、怒りを通り越してただただ悲しかった。でもたった百五十年前、ぼくたちの御先祖さまは同じ蛮行を行っていたわけだ。その史実を再度、嚙みしめるべきだろう。

第5章　本当のところを知りたい

ぼくはなぜ本を書くか

ようやっと少し分かったような気がしている。なにが？　読者の求めるものが。

一月にぼくは『承久の乱』（文春新書）という本を世に問うた。その一カ月前、創価大学教授の坂井孝一さんが全く同じタイトルの本を中公新書で出版された。全くの偶然の産物である。

同じ時期に同じタイトルの二冊の本が出るのだから、当然、競争になる。だが別にぼくは脅威には感じなかった。鎌倉時代の公武交渉はぼくの一番の専門である。戦いは外交の特殊な形態であるから、承久の乱についてはぼくの研究業績が最先端であるはずだ。また坂井さんはぼくの一学年先輩で、研究室で「同じ釜の飯を食った」仲である。とても端正な方で、学風にもその品の良さがにじみ出ている。万事につけおっちょこちょい、「説明しすぎる」ぼくとはまるで違う。棲《す》み分けることが十分に可能だ。そう思っていた。

「売れ行き」が結果であるなら、まだ勝負はついていないように思うが、アマゾンのレビューをみると、実に興味深い。ぼくの本については、坂井本にはない罵詈《ばり》雑言の類いがみられる。また冷静に二冊を比較し、「本郷の本には和田合戦が書いてない、年表がついてない」と指摘し、坂井本に軍配を上げるものがある。これを読んだときに閃《ひらめ》いた。一定の読者は持続可能性、サステナビリティーを求めているのではないか。

妻である本郷恵子氏が実際に聞いたところによると、東大のとても偉いK先生がおっしゃったそうだ。「学者は軽々に答えを出してはいけないんだ。みんなでいつまでもアメをしゃぶるように、こうだろうか、ああだろうか、と考えるのがサステナビリティーだ。答えを出すヤツは嫌われる」。妻は続けて、「そうなの。結論を出しちゃうから、私は誰からも褒めてもらえない」とグチる。ちなみに彼女は、ぼくの話が少しでも冗長に流れると、「要点を言え、要点を！」と厳しく指摘する人である。

いま中世史研究者の注目の的は、『応仁の乱』で大ヒットをとばされた呉座勇一さんに尽きる。四十七万部を売り上げたというその偉業に、みんなが瞠目《どうもく》した。でき得れば呉座さんに続きたい。多くの人が、もちろんぼくもそう思っているが、どこをまねすればいいのか皆目分からなかった。

応仁の乱は、細川氏を中心とする七十年来の勝ち組に、山名《やまな》氏をリーダーとする負け組が再挑戦したもの。結果は再び細川グループの勝利。ぼくは以前からそう説明していたが見向きもされない。これに対して呉座さんは「この戦いはよく分からないものである」とされ、社会の支持を得た。これだ！　何のことはない。ぼくの視野が曇っていて見えなかっただけで、呉座さんの卓越の理由は彼がすでに明らかにされていた。

この戦いは何であるか。その意義は何か。そう問いかけること自体が賢《さか》しらな振る舞いで、否定されるべきなのだ。重い問いには軽々に答えを出してはならない。それをするのは、呉座さんがいう「陰謀論」であって、分からないものは分からないまま丁寧に描写する。その謙虚な姿勢こそが大切なのだ。

承久の乱についても同じである。ぼくは乱前の朝廷のあり方は「後鳥羽上皇の専制政治」の一語で説明できると考える。朝廷を語るのなら戦いに敗れたところからが重要（ぼくの博士論文のテーマ）で、それ以前はすでにある院政論で尽くされている。だから書く必要はない。和田合戦も同じ。和田義盛という源平の戦い以来の勇者が滅びる顚末《てんまつ》はドラマではあるが、梶原景時《かじわらかげとき》の失脚や比企《ひき》氏の滅亡、また畠山重忠謀反の一件に比べれば歴史学的価値は一段も二段も落ちる。だから書かなかった。

だが、書き手のそうした判断と方法は、読者の忌避感を誘うかもしれない、ということだ。年表を付して、すべてを並列に並べる。強弱を付けない。因果関係を探求しない。こういう歴史理解は、闇雲に「暗記せよ、暗記せよ」と教師から求められる歴史教育の弊害ではないかと考えられないではないが、ともあれ、過度な説明は「陰謀史観」につながるとして、切り捨てられることになる。

これはぼくのような旧弊な者にとっては、とても恐ろしいことだ。ぼくがなぜ本を書くかといえば、「本当のところ」を知りたいから、だ。この事件は、この争いは、どうして起きたのか、何が原因でどういう意義を持ったのか。それこそを知りたいのだが、そこにうかつに踏み込むと、共感は得られず、本は売れない。この認識が正しいのだとすると、ぼくは発想を根底から見直さねばならない。だが、どこからが陰謀史観なのか、という線引きが明らかでないことは、辛うじての救いである。何と罵られようと、本が売れなかろうと、やはりぼくはぼくのやり方を続けるしかないな、と思っている。

関ケ原の戦いでの上杉家の不可解さ

それなりに長く研究者生活をやっているのに、いまだに答えがよく分からない、ということがある。もちろん中世社会を貫く理念であるとか、農村の生産構造とかの「大きな課題」は一生をかけて分析すべきものだから納得なのだが、一つの事件、一つの戦いが、なぜ起きたか分からない。一応の説明を付けてみてもストンと腹に落ちない。そういうものがある。それを考え続けることはけっして前回お話しした「陰謀史観」には連ならないと思うがどうだろう。

そうしたものの一つが、関ケ原の戦いの時の上杉家の動向である。以前に書いたように、秀吉の没後、豊臣家から天下の権を奪取したい徳川家康は「大きな戦い」を望んでいた。諸国の大名たちを巻き込んだ戦いを引き起こし、それに勝利することによって武家の棟梁《とうりょう》（日本全体の軍事指揮官を意味する）の座を占める。それは織田家から天下を奪った秀吉の方法論でもあったから、家康がそれを観察し、学んだとするならば、これまた「陰謀史観」にはなるまい。

戦いは「大きな戦い」であることが必須である。だから敵は選ばねばならない。家康はそこで、まずは前田家の謀反をでっちあげた。けれども前田は直ちに土下座外交を展開した。当主の利長《としなが》は平謝り。利家《としいえ》未亡人の芳春院（おまつの方）を江戸に人質に出した。ここまでされては「疑いは晴れた、謀反はなかった」と言わざるを得ない。

そこで家康はターゲットを上杉家に変更した。謀反のタネがそうそう都合良く転がっているわけはないので、これも家康の「言いがかり」に他ならない。越後・春日山（新潟県上越市）から会津百二十万石に転封されたばかりの上杉景勝《かげかつ》は、上方から国許《くにもと》に帰って領地の整備に当たっていた。そこで上杉に謀反の疑いあり、早く上洛《じょうらく》して説明責任を果たせ、と言い立てた。

この時、上杉は前田のようには謝罪せず、「謀反なんぞは企ててないが、そちらがやるつもりならいつでも相手になってやる。謙信以来の武門の家柄、上杉を嘗《な》めるな！」と啖呵《たんか》を切った。家康はしめしめと喜んだ（出兵直前、伏見城で上機嫌の家康が医師に目撃されている）が、「バカにしおって、許せん！」と激怒してみせ、上杉討伐の兵を挙げた。家康を支持する福島正則・池田輝政らは、謀反の真偽に関係なく、すぐさま徳川軍に合流して会津へと向かった。

家康の読み通り、彼が上方からいなくなると、石田三成が挙兵した。これも、家康は石田の蜂起など予想していなかった、と想定することも可能だが、戦国の世に生きた家康がそんなに愚かであるとは、ぼくには思えない。十分に想定の内であったと考える。ともあれ、石田立つ！の報《しら》せを小山で受け取った家康以下は、会津へは向かわず、兵を返した。かくて、三成たち西軍と家康たち東軍は、美濃・関ケ原で激突する。

さて、問題はこの時である。上杉討伐軍は下野から退却していく。この時、なぜ上杉軍はその背後から襲いかからなかったのか？　これがぼくには、どうにも分からない謎なのだ。天下分け目の戦いに勝利したら、家康は新たな天下人になる。その家康から、上杉はすでに謀反人と認定されているのだ。戦犯第一号である。だとしたら、上杉が生き残るためには、なんとしても家康には負けてもらわねばならない。そのためには、とにもかくにも後ろから食らいついて攻撃をかけ、たとえ勝てないにせよ、東軍を削るべきだろう。

しかし、上杉勢は動かなかった。いや、動いたことは動いたのだが、北のかた、最上《もがみ》領に侵攻したのである。最上領の中心は山形城。仮にここを占拠したとして、その次はどうするつもりだったのか。かりに広がった所領をもとにして、伊達政宗などを降《くだ》して東北地方を統一したとしても、家康が天下人になってしまったら、諸大名を糾合した徳川軍にはとても勝てないだろうに。いやいや、上杉勢に何らかの明確な目的があったことを前提とするのは、それこそ「陰謀史観」で、上杉はただ闇雲に領地を拡大しようとしただけ？　戦国大名のDNAに従っただけ？　うーん、それはあまりにも、家中に将来を見通す人材なし、と上杉家を愚弄してはいまいか？　この辺りがどうにもよく分からないのである。

とりあえず経過を記すと、九月九日に上杉家の家宰《かさい》、直江兼続率いる二万の大軍が米沢方面から最上領へ進んだ。総帥の上杉景勝は会津を動いていない。十二日、上杉勢は最上家の畑谷城（山形県東村山郡山辺町畑谷）を落とした。関ケ原で東西両軍が激突した十五日には長谷堂城（山形市長谷堂）に攻撃を開始した。立て籠もる山形勢は、志村光安以下一千あまり。ここが落ちれば、次はいよいよ山形城、ということになる。さて、その結果はいかなるものであったか。それについては次回に述べたい。

「悪臣」「愚臣」と糾弾された直江兼続の武功

愛。ハリウッド映画などで食傷気味ではあるが、やはり美しい言葉である。だがこの言葉、古い時代にはなかった。男女のあいだ（あるいは男性同士）の「相手を慕う気持ち」は「恋」である。人間愛など「相手を尊重し大切に思う気持ち」は「仁」である。となると、大河ドラマ『天地人』の主人公も務めた上杉家の家宰・直江兼続は「愛」の字そのものを兜《かぶと》の前立てとして用いていたが、これは「人を愛する」の謂《い》いではない。

ではなぜ「愛」かといえば、おそらく「愛染明王《あいぜんみょうおう》」か「愛宕権現」か、どちらかの戦神への帰依を意味するのだろう。彼のお師匠である上杉謙信も、「三宝荒神」兜を作らせている。だからもし、越後地方に顕著な飯綱権現への信仰を兼続が持っていたら、兜の字は「愛」ではなく「飯」になっていたはずだ。愛の武将ならぬ、飯の武将。ぼくならば、おお兵站《へいたん》（ミリタリー・ロジスティックス）を重視してる、と感心するところだが、大河の主人公にはなれないか。

さて、前回の続きを。一六〇〇年九月十五日、まさに美濃の関ケ原で東西両軍が激突したその日、兼続は二万余りの大軍で長谷堂城（山形市長谷堂）に攻撃を開始した。守備する兵は一千ほど。兵力差は歴然。また長谷堂城は、練達な研究者の調査によるとシンプルな縄張りしかもっておらず、「それなり」の城郭でしかないそうだ（余湖さんのＨＰによる。http://yogokun.my.coocan.jp）。

同じ年の八月初め、加賀では前田利長《としなが》が大聖寺城を攻撃している。東軍の前田勢が上杉軍と同じ二万。守備する西軍の山口宗永は六万石を領したので、「敗北＝お家滅亡」というギリギリの条件も考慮すると、兵を千五百～二千は集めたはず。それでも城は二日で落ち、山口父子は自刃した。

城攻めをするには、攻め手は守り手の三倍の兵を用意すべし、という。上杉勢はその要件は軽くクリアしている。また大聖寺城の事例を参考にしても、「謙信公以来」の武勇を誇る上杉勢というキャリアからしても、早々の落城は必至のように思える。だが、城は落ちなかった。別に城を囲んで悠長に兵糧攻めをしていたわけではない。激しく攻撃をかけたのだが、落とせなかったのだ。

　九月二十九日、この日も上杉勢は猛攻をかけた。直江兼続の麾下《きか》に入っていた上泉泰綱（剣聖ともいうべき、上泉伊勢守信綱の嫡流の孫）はこの日の戦いで戦死を遂げた。でも依然として、城は落ちない。そこへ、ニュースが飛び込んできた。関ケ原での戦いで、徳川家康率いる東軍が勝利したというのだ。

　普通、このニュースとは、関ケ原での戦いと理解されている。だが、それは九月十五日に行われているから、日にちが開きすぎている。後に浅野内匠頭《たくみのかみ》切腹の知らせを、早駕籠《はやかご》に乗った赤穂藩士は五日で国元に持ち帰った。いかに世情が不安定とはいえ、十四日はかかりすぎではないか。西軍総帥・毛利輝元が大坂城を退去したのが二十五日だから、この辺りまでの動きが伝えられたのかもしれない。

　ともあれ、西軍敗北の知らせを聞いた兼続は自害しようとするが、あの前田慶次郎（前田利家《としいえ》の甥《おい》。パチンコで有名な戦国一のかぶき者。ただし史実ではすでに六十歳を超える、当時としては老人というべき年齢）に諫《いさ》められ、撤退を決断。すると翌日には最上《もがみ》勢がこれを知り、攻守が逆転する。十月一日、上杉勢は撤退を開始。山形城から出てきた最上勢、またこれまで傍観を決め込んでいた伊達勢（最上家救援のため、伊達政宗の叔父・留守政景が三千を率いて山形城の東・小白川に布陣していた）が追撃を開始した。兼続は畑谷城に立て籠もるなど自ら殿《しんがり》をつとめ、十月四日に米沢城に帰還した。

兼続のこの撤退戦の武功は、最上家にも徳川家にも高く評価されている。こののち上杉家は攻勢に出ることはなかった。家康は恭順の意を示した上杉家から会津の地を没収。改めて兼続が領していた米沢城を与えた。領地は百二十万石から三十万石に減少したが、以後の兼続の施政のよろしきを得て、実高は五十万石に回復したという。だが領地が大幅に減少したのに彼がリストラを行わなかったため（加えて寛文四年〈一六六四年〉には藩主が跡継ぎを決めずに急死したため、お家取りつぶしは免れたものの領地を半分召し上げられ、十五万石になった）、江戸時代には上杉家は名うての貧乏藩となった。その窮乏を救おうと立ち上がったのが有名な上杉鷹山《ようざん》となる。

兼続は「私たちの貧困の原因は、直江殿の誤った政治判断ゆえだ」という意見が藩の大勢を占めたため、江戸時代を通じて「悪臣」また「愚臣」として糾弾され続けた。家は早々に絶え、墓は破壊された。彼の名誉が回復されたのは、実に明治になってからである。

上杉軍は関ケ原の戦いの読みをはずしたのか

子どもたちに楽しんでもらうために、「怪獣ショー」が催される。テレビ撮影で使われた精巧な怪獣（もちろん、着ぐるみ）が街を破壊し、人々を大混乱に陥れる。するとそこにおなじみのヒーロー、なんとかマンが現れる。司会のお姉さん「さあ、良い子のみんな、応援しよう！」。子どもたちの「がんばれー」の声を受け、なんとかマンはみごとに怪獣を倒す。子どもたちは拍手喝采。

ところが山形県の米沢城前で開催された「怪獣ショー」はひと味違った。なんとかマンは来てくれるのだが、子どもたちの声援むなしく、怪獣にやられてしまう！　どうしよう……べそをかく子どもたち。するとそこに……「愛の兜《かぶと》」をかぶった正義のヒーローが現れた！お姉さん「ああっ、愛の戦士、直江かねつぐマンが来てくれたわよー」。子どもたち「かねつぐマンがんばれー。悪いヤツをやっつけろー」。かくて怪獣は倒された。ありがとう、ぼくらの直江かねつぐマン！

大河ドラマ『天地人』が放送されていた時に、滋賀県彦根市で町おこし・観光客の招致に熱心に取り組んでいる方に聞いた話である。「この前、米沢で見てきたんだ。ああいう地元愛あふれる企画を、ぼくたちも彦根でやっていこう！」。うんうん、その通り。桜田門外の変を舞台に、埋木舎《うもれぎのや》での十五年の修業で不思議なフォースを身につけた井伊なおすけマンがかごの中から現れて、浪士をバッタバッタと斬り伏せる……はボツだな、さすがに。

その直江兼続なのだが、ぼくはどうにも最上《もがみ》攻めの様子が腑《ふ》に落ちない。たしかに戦闘指揮の中では撤退戦というのが一番難しいらしく、彼は長谷堂城からの退却をうまく成し遂げた。だがしかし。その前に、圧倒的な兵力差で攻めた長谷堂城（さしたる要害ではない）は落とせなかったわけで。それに退却するといっても、兵站《へいたん》線が切断される心配はない（長谷堂から米沢への退却だから）上に、数の優位はそのまま（火事場泥棒のような伊達の援軍三千が最上勢に新たに加わったにせよ）。うーん、こう見ていくと、兼続は軍事は不得手だったと見るべきじゃないのかな……。

この推測を裏付けるのが新発田《しばた》重家の乱である。天正九年（一五八一年）、越後の国人領主である新発田重家が上杉景勝《かげかつ》の支配をはねのけ、自立した。本拠は新発田城（新潟県新発田市）で、新潟市にも進出した。このころ、西からは織田信長麾下《きか》の柴田勝家の勢力が越後を激しく圧迫していたから、それを見越しての挙兵であり、上杉景勝と家宰《かさい》の直江兼続がてこずるのはよく分かる。

だが、本能寺の変のあと、織田の脅威が去った後も、兼続は新発田を屈服させられない。越後国内をまとめられない。兵を出しては負ける。新発田が芦名や伊達など、国外の大名の後援を受けているといっても、そこを何とかするのが腕の見せどころというものだろう。戦術でも戦略でも良いところがないまま、やっと豊臣秀吉の支援を受けて討伐に成功した。一五八七年の後半のことだから、丸々六年かかった勘定になる。有能とは……言いがたい。

さて、ここで上杉シリーズのそもそもの疑問をもう一度、考えよう。確認すると、栃木県辺りから引き返していく徳川家康と大名たちの軍勢に、なぜ上杉軍は後背から攻めかからなかったか、ということである。すでに戦犯第一号に認定されているのだから、家康が勝利して天下人になったら、上杉家は取りつぶされるかもしれない。だったら、いちかばちか、攻撃をかけるべきではなかったか。

これはあくまでも一つの推論にすぎないのだが、東軍と西軍の戦いはなかなか決着が付くまい、と兼続は読んでいたのではないか。たとえば本能寺の変後の秀吉と家康の争いは、小牧・長久手での軍事衝突では勝敗が決まらなかった。長い時間をかけた外交戦になった結果、家康は秀吉に臣従した。これと同じで、徳川・豊臣が併存し、列島は再び群雄割拠の状態に戻るかもしれない。兼続がそう予想しても不思議はあるまい。

現代の私たちは「日本は一つ」と普通に考える。だが関ケ原の戦いの時点で、秀吉の手によって統一政権が誕生して、まだ十年しかたっていない。群雄割拠があたりまえ、という感覚は残っていただろう。そうすると、少しでも領地を増やしたい。日本海側に上杉領の飛び地として存在する庄内地方、なかんずく良港・酒田の支配を確実なものにしたい。その考えは、けっして突飛《とっぴ》ではないのだ。

ところが天下分け目の戦いは、あっという間に決着が付いた。ここで兼続は「読みがはずれた」とすぐに撤退した。その判断の正しさゆえに、領地を四分の一に減らされたものの、上杉家は取りつぶしを免れた、と一応は考えておくことにする。

木曽義仲を滅ぼしたのは京都

古文書に「こう」書いてあっても史実が「こう」とは限らない。とくに書状（手紙）は、書き手はわざとウソを記すことがある、と先に述べた。これはいわば「応用編」。そこに到達する以前に、くずして書いてある文字（書状の多くは草書で記す）を判読しなくてはならない。

そもそも、くずし字を読むことが現代人には難しい。ぼくは仕事として古文書を読んでいるが、一つの熟語が読めなくて一日考えていた、などということはしょっちゅうである。この辺りのことを『新・中世王権論』（二〇〇四年・新人物往来社、一七年・文春学藝ライブラリーに再録）の「あとがき」に書いた。

私は高血圧で、今の時期はとてもきつい。血圧はご存じのように上と下の数値があり、「下が九〇」くらいまではいいのだが、ここから数値が「一」上がるたびに辛《つら》くなる、と言われる。これと同じで、くずし字の判読は七〇点を取るくらいまでは努力と成果が比例して上達するのだけれど、七〇点から「一」点あげていくのが難しい。それまでとは全く異なる手間をかけて、一層の精進が必要になる。技能や仕事を習得するときには、どんなことであれ、この事情は共通するのではないか。

以上を紹介した後にこう続けた。「相応の努力はしたつもりだが、私はいまだに古文書がまったく読めない。七〇点などとはとんでもない話であった」。十五年前のぼくは、謙虚だった。

ところが、これがまずかった。二月十日の京都新聞が、ぼくの『考える日本史』（河出新書）の書評に書いた。本郷は『新・中世王権論』で「『古文書がまったく読めない』」と書く。（中略）史料を根拠とする研究から踏み出せず、一般向けに自分の考えを発信できない同業者とは違うとの自尊心も、ちらりとみせているのではないか」。いや、畏れ入った。調子に乗れば嫌われるからと、へりくだると逆手に取られる。これが噂に聞く「京都人の底意地の悪さ」か、とも思ったが、いやいや、一人のやり方で京都人全体を語ってはいけない。

ただし、「千年の王城」京都が一筋縄ではいかない「こわいところ」であるのも間違いない。たとえば木曽義仲である。秀でた武人であった彼を滅ぼしたのは、まさに京都であった。

義仲は信濃の木曽で育ち、二十七歳の時に挙兵した。北陸に進出して勢力を拡大。源頼朝に先がけて入洛《にゅうらく》し、平家を都から追い落とした。倶利伽羅峠（富山県と石川県の境）で平家の大軍を打ち破った「火牛《かぎゅう》の計《けい》」は有名である。

たいへんな功績を立てた義仲だが、「みやこ」の作法を知らない、として「えびす」扱いされた。後白河上皇や貴族との政治的折衝でへとへとになり、上皇を幽閉して「征東大将軍」を名乗ってはみたものの、結局は頼朝が派遣した源範頼・義経の軍勢に敗れて戦死した。

『平家物語』巻八「猫間」を読むと、「みやこ」に翻弄される「えびすである義仲」の悲しみが伝わってくる。後白河上皇に近い猫間中納言（藤原光隆）という貴族が来訪してきたので、彼としては精一杯《せいいっぱい》もてなそうと料理の膳を出した。ところが猫間は椀《わん》が汚い、量が多すぎる、こんな田舎料理が食えるか、と「興ざめ」して帰ってしまった。

義仲は「ぶえんのヒラタケ」を供した。ぶえんとは「無塩」で新鮮な、の意味。海のない京都人は塩漬けの魚を普通に食べていたので、塩がない＝新鮮な、の意味になった。つまり、貴族もそれほど良い物を食べていたわけではない。幕末のことだが、松平容保《かたもり》が新鮮な魚を献上したところ、「肥後（容保は肥後守）の魚」と孝明天皇がたいそう喜ばれたという話がある。

この場面、猫間と義仲のどちらに感情を寄せるかで、読み手の差異が明らかになる。たとえば「藤原光隆」のウィキペディア（二〇一九年二月二十六日時点）は「源義仲を訪問した光隆が、義仲によって愚弄される逸話が紹介されている」、「みやこ」の作法を弁《わきま》えぬ義仲が悪い、と書いている。ちょっと待ってほしい。愚弄？　とんでもない。彼は真心こめて振舞っているだけだ。けれどそれは「えびすのやり方」だから、バカにされる。上皇や貴族は諸事につき「みやこ」スタイルを信奉しているから、絶対に自分の方からは歩み寄らない。

彼は純朴すぎた。北陸でじっくりと地力を養えばよかった。上皇が「平家を討ってくれ。助けてくれ」と頼んでくるまで、動いてはいけなかった。なまじ京都に行ったばかりに破滅した。成功してからたった二回しか上洛しなかった頼朝（ちなみに京都育ち）の狡知《こうち》を、義仲は持ち合わせなかった。

けれど、そんな義仲だからこそ、愛された。代表は松尾芭蕉である。芭蕉はしばしば義仲寺（大津市）に遊んだ。大坂で亡くなったが、義仲の墓の隣に自身を埋葬せよと指示した。東北の風景を共感をもって凝視した俳聖は、「えびす」の無念を理解したに相違ない。

柳生十兵衛の真剣勝負

何ごとかの習得を試みると、七〇点くらいまでは努力が成果に直結して「かたち」になる。けれども、そこから上に行こうとすると、今までとは異なり、成長を「かたち」にするために何倍もの努力が必要になる、と前回書いた。ぼくの場合は古文書の読解がこれに当たるが、中にはその境界を感じずに、すいすいと八〇点、九〇点の領域に登っていく人がいる。こういうのを「天賦の才」という。

たとえば史料編纂所には、高橋隆三（一八九一～一九七二）という国学院大学出身の先生がいらっしゃって、とてつもなく字が読めた、という伝説が残っている。退官した先生がたまに遊びに来られると、難解な箇所を読んでもらおうと、所員が先生のもとに列を成したそうだ。

ぼくのように才に恵まれなかった凡人は、「天才とは一％の閃《ひらめ》きと九九％の努力である」

というエジソンの言葉（その真意については諸説あるようだが）を支えとして、精進を怠らないようにすべきなのだろう。

柳生十兵衛といえば剣の達人として小説やマンガで取り上げられる人物だが、彼のエピソードにこんなものがある。あるとき、つきあいのある大名のもとを彼が訪ねると、そこに腕自慢の浪人者が居合わせた。たぶん浪人は剣の腕を大名に披露してめでたく仕官（就職）しようという魂胆なのだろう、十兵衛に試合を申し入れた。大名も立ち合いを望んだので彼はしぶしぶ木刀での勝負に応じた。

試合が終わると、浪人は「相打ち！　拙者は天下の柳生と引き分けましたぞ」とアピールする。大名も「うむ、相打ちじゃ」。十兵衛は「いや、それがしの勝ちでござる。いまの勝負が見えぬというのでは……」と顔をゆがめたが、浪人は引かない。「素浪人との相打ちなど、認められぬと。ならば真剣でもう一勝負！」。大名も興に乗って「ぜひ真剣で！」。十兵衛はやむなく刀を抜いて立ち合った。浪人の刀は十兵衛の着物を少しだけ斬ったが、浪人自身は血しぶきをあげて倒れた（『撃剣叢談《げっけんそうだん》』より）。

子どもの頃、たしか綿谷雪さん（一九〇三〜八三）の本でこのエピソード（もちろん、史実ではないだろう）を読んだとき、しみったれてるな、と思った。永井豪先生の問題作『ハレンチ学園』（一九六八～七二年）を愛読して十兵衛の存在を知っていたぼくは、剣豪十兵衛ともあろう者が、木剣勝負の段階で敵を圧倒しないでどうするか、とがっかりしたのだ。でも七〇点からの一点はたいへん、という経験を積んだ今になってみると、平凡な観察者にはたいした差異にみえぬものが、実は人の命に匹敵するほどに重い、というこの話は納得できる。歌舞伎や能では「見巧者」というが、観《み》る技を磨いた人が観なくては、芸術も真の姿を現さない。

柳生十兵衛（一六〇七～五〇）、名は三厳。将軍家兵法指南を務めた柳生宗矩《むねのり》の長子で、はじめ徳川家光に小姓として仕えたが勘気に触れて出仕停止となった。このとき実は諸国を遍歴して、諸大名の情勢を探索していたという伝説がある。後に許されて幕府に出仕。父が亡くなると家督を継ぐが、程なく急死した。男子はなく、弟の宗冬《むねふゆ》が跡を継いだ。宗冬の墓からはツゲで作った総入れ歯が見つかっており、これをもとに「柳生＝忍者」説（宗冬がお歯黒をした歯を入れ、女装するイメージ）が取り沙汰された。

彼の諱《いみな》、三厳は普通「みつよし」と読む（『寛政重修諸家譜』にふりがなあり）が、『柳生武芸帳』などを書かれた五味康祐さんは「みつとし」と訓じていた気がする。それで「柳生新陰流兵法　公式サイト」というHPを見たところ、ご宗家は柳生厳信さんで、「としのぶ」とお読みするようだ。代々「厳」の字を使う柳生家内では「とし」と訓じていたのだろうか。五味さんはそれに依拠したのだろう。ただ、そうすると尾張柳生の兵庫助利厳（十兵衛の従兄《いとこ》）の名前は「としとし」になるが、これはいいのだろうか。ぼくらの感覚だと落ち着かない。

これには、こういう傍例もある。中世の朝廷に仕える下級官人に、中原姓を名乗る一群の人々がいた。彼らは明法道《みょうぼうどう》という律令を学ぶ学問を習得するのが常で、学が成ると明法博士や検非違使などに任じた。彼らはみな名前に「章」の字を用いて、これは通常の「あき」ではなく、「のり」と読んだそうだ（本郷恵子氏のご教示によると、『大日本史料』第六編収録史料にいくつもの傍証があるとのこと）。ところが、この中で、中原章範という名が見える。「範」は「のり」だから、「のりのり」である。もっとも「あき」だとしても、章明という人もいるので、「あきあき」になるのだけれど。

ぼくが教えていた女子大で、「一二三」という名の子がいた。「ひふみ」かと思ったら、三拍子だから「わるつ」と読むそうだ。今も昔も、人名はむずかしい、ということらしい。

柳生兵庫助と宮本武蔵との出逢い

美人講談師の神田蘭さん、ああ昨年（二〇一八年）真打ちに昇進されたので神田蘭先生（落語家は真打ちになると師匠と呼ばれるが、講談師は先生という）とお呼びすべきか、に芸の世界の上手・下手について興味深い話を教えていただいた。同じ芸の道に励む者同士、私と彼とはまあ同じくらいのレベルだな、と思っている場合、実は彼の方がうまい。彼はうまいな、私はちょっと負けるな、と感じたら、二人の間には相当な実力差がある。そう了簡《りょうけん》して修練すべし、というのだ。前回、柳生十兵衛の話を書いたが、実力の差というのはそうしたものなのだろう。

十兵衛の従兄《いとこ》に当たる兵庫助も剣の達人であったが、彼には有名なエピソードがある。あるとき、名古屋城下を歩いていた兵庫助が尋常ならざる武士と行き会った。兵庫助が「あなたは世に名高い宮本武蔵どのではないか」と声をかけると、その武士も「そういうあなたは柳生兵庫助どのであろう」と応じた。兵庫助は武蔵を屋敷に招いて楽しいひとときを過ごしたが、二人とも剣については何も語らなかった……。名人は名人を知る。史実ではないかもしれないが、奥の深い話である。

新陰流を創始した剣聖、上泉伊勢守信綱は上野《こうずけ》の人で、戦国大名の長野家に仕えていた。長野家が滅びると武田信玄からの仕官の誘いを断り、甥《おい》の疋田文五郎と高弟の神後伊豆を供に、全国を巡った、といわれる。史実では彼は「大胡武蔵守」として貴族の日記に記されるし、「かみいずみ」（前橋市内の地名ではこう呼ぶ）の読み方も「こうずみ」もしくは「こういずみ」という説もあり、確かなところは分からない。

旅の途中、伊勢守はこれまた剣の上手として知られた柳生宗厳《むねよし》（のちの石舟斎《せきしゅうさい》）に試合を申し込まれる。伊勢守はこれに快く応じたが、立ち合いの相手としては弟子の文五郎を指名した。宗厳と木刀をもって対峙した文五郎は彼の構えを見て「それは悪《あ》しうござる」と言って打ち込み、瞬時に勝ちを収めた。己の未熟を悟った宗厳はその場で伊勢守に弟子入りし、修行の結果、印可《いんか》を得たという。

後に宗厳は徳川家康の招きを受けたが、老齢を理由に自身は大和国柳生の地に留《とど》まり、五男の宗矩《むねのり》を仕えさせた。この人はたいへんに文武に優れていたようで、将軍家指南役としての地位を築き上げるとともに、大目付（当時の呼称は惣目付）などの諸役を務めて一万石を授かり、小なりとはいえ大名に列した。彼と並んで将軍家の剣術指南を務めた一刀流の小野忠明の禄高《ろくだか》が六百石であったことを見ると、宗矩は内務官僚として卓越した手腕をもっていたのであろう。もっとも小説では、彼は高弟たちを諸藩に指南役として送り込み、彼らを通じて大名の情報を得ていたスパイの元締として描かれることもある。それから、肝腎《かんじん》の剣の腕前については、大坂の陣で徳川秀忠を守り、敵七名を瞬時に斬り伏せたと伝わる（相手を斬った数をいうと、宗矩のすぐ上の兄の宗章《むねあき》は伯耆米子でお家騒動に巻き込まれ、十八名を斬った後、刀が折れて戦死したと伝わる）。

ただし、よく知られる話だが、新陰流の正統を受け継いだのはこの江戸柳生ではなく、尾張柳生、すなわち兵庫助であるという。石舟斎を名乗った宗厳の長男は新次郎厳勝であるが、彼は合戦に参加して鉄砲で足を撃たれ、若くして隠居した。新次郎の次男が兵庫助利厳で、石舟斎はこの孫を手元に置いて鍛え、上泉伊勢守から与えられた印可を彼に与えた。兵庫助は加藤清正に仕えた後、尾張の徳川義直に剣術師範として仕えて五百石を受けた。これが新陰流の正統を称する尾張柳生家である。こうした由縁があったので、兵庫助と宮本武蔵は「名古屋城下で」行き会ったのだ。

ＮＨＫの歴史番組である「歴史秘話ヒストリア」は長く続く人気番組だが、その初めは「日本史探訪」という番組だった。そこで宮本武蔵が取り上げられたとき、解説者として登場したのが将棋の升田幸三実力制第四代名人（一九一八〜九一）であった。勝負の世界に生きる人として選ばれたのだろう。詳細は忘れたが、彼の武蔵論は子どもであったぼくにもとても魅力的だった。とくに武蔵と小次郎の巌流島の対決について（だったと思う）の升田さんの言葉は強烈だった。たしかこんなふうであった。「武蔵と小次郎のように、自分と大山康晴さん（十五世名人）を世の人はライバルだと簡単にいってくれる。たしかにそうなのだが、二人の関係はみなさんの想像を超える厳しいものであって、大山さんの本当のすごさを知る人間は自分をおいて他にない。また、升田幸三の真の実力を知るのは大山だけなのである」。これを逆に言うならば、燕雀《えんじゃく》いずくんぞ鴻鵠《こうこく》の志を知らんや、になろうか。人への手軽な罵倒が溢《あふ》れる昨今、心に刻みたい言葉である。

細川忠興の「きります」

細川忠興《ただおき》に永井直清が問いかけた。「細川家の侍たちは実に行儀が行き届いていていますね。いったいどのような教育を施されているのですか？」。忠興が答えた。「我が家中では一度失敗をしたらどこがまずいか指導いたします。二度目の失敗でも教えます。ですが三度目は『きります』」（『名将言行録』）

問題は「きります」で、漢字を当てるとどうなるか。「切ります」だと、もう見込みがない、と見放す意に取れる。細川家からの召し放ち、解雇する意とも取れる。恐ろしいのは「斬ります」である。細川家ではダメなヤツは斬る。だからみな行儀が良くなる。あまりにも怖すぎるが、忠興という人を見ていくと、こちらが正しいような気が、最近してきた。モトネタは『名将言行録』だから、史実ではない可能性が高い。けれども、忠興ならこうもあろう、と思われていたということではないか。

忠興は戦国一の文人大名として知られる幽斎《ゆうさい》（藤孝）の子で、文武兼備の人として定評があった。同時に短気で知られていた。加えて他人に厳しく、執念深い。

たとえば本能寺の変の後、南丹後を領有していた細川氏は北丹後に侵攻。一色家を滅ぼしたが、このとき「なで斬り」を敢行している。当主の一色義定（満信とも）は謀殺したが、彼に嫁いでいた忠興の妹・伊也は、夫の敵！ と兄に斬りつけ、忠興の顔には傷が残ったという。

関ケ原の際には「自分の留守中に何かあったら、家臣たちはみな戦って死ね」と指示して出陣。石田三成の兵が屋敷に迫ると、ガラシャ夫人以下、家臣たちは自害した。このとき嫡男・忠隆の妻（前田利家の娘）は隣接する宇喜多家に逃げた（彼女の姉が宇喜多秀家の妻）ため、忠隆は廃嫡された。

父の幽斎は丹後の田辺城に籠城したが、彼の才を惜しんだ朝廷の助けがあり、城を開き降伏した。すると忠興は「寡兵でよくぞ戦い抜かれた」ではなく「なぜ討ち死にしなかった」と父と不和になった。その上、田辺城を攻めた主将格の小野木重勝を東西両軍の対決が終わった後も追い回し、自刃に追い込んだ。

なぜ徳川譜代の永井と外様の忠興が会話しているのだろう、と疑問に思ったが、二人はともに山城・勝竜寺城に関係しているのだ。忠興は若き日に勝竜寺城にいて（城主は父の幽斎）、そこから丹後の宮津城主（十二万石）となり、関ケ原の戦功によって豊前・中津城、のち同国の小倉城主（ほぼ四十万石）となった。一方の直清は徳川秀忠の小姓から立身し、数度の加増を得て、二万石の勝竜寺城主、三万六千石の摂津・高槻城主となった。もし二人が勝竜寺城を縁として交流をもったとすると、直清がこの城に入ったのが寛永十年（一六三三年）のことだから、忠興は七十一歳以降ということになる。既に彼は隠居していたが、なお江戸にも出向いているので、会話のチャンスがあったのではないか。

家臣の失敗を許さない忠興のエピソードとともに想起されるのは、同じく文武兼備で知られた堀秀政の話である。これまた『名将言行録』なので史実ではないかもしれないが、こんな話。堀の家中に顔色が青白く、無口な男がいた。どうにも陰気なので、同僚たちが秀政に訴え出た。「殿。あやつは戦場ではものの役に立ちませぬ。文字にも暗く、算盤《そろばん》もダメ。なにより佇《たたず》まいが辛気くさくて、あやつがいると家中の士気が振るいません。早々にいとまを取らせるのがよろしいかと存じますが」。すると秀政は「これこれ。そう決めつけるな。ひとたび召し抱えた者を簡単にクビにするわけにはいかぬ。人には何か必ず取り柄《え》があるものぞ。そうじゃ、あの顔色の悪さからして、弔問の使者にぴったりではないか」

堀秀政は通称が久太郎で、織田信長の側近《そば》くに仕えて信頼を得た。戦場でも抜群の働きを示し、何でも易々《やすやす》とこなしてしまうので「名人久太郎」と称された。信長の死後は秀吉に属し、やがて北ノ庄十八万石を得た。小田原を平定した後に、関東か東北の要地への抜擢《ばってき》が予定されていたというが、小田原の陣中で三十八歳で病没した。

大名の跡取りが若年であると、秀吉は領地の大幅な削減をすることがあった。たとえば丹羽家。丹羽長秀が亡くなると、百万石を超えた領地を十二万石に削り、有能な家臣も取り上げた。武辺者であり、茶人・作庭家でもあった上田宗箇《そうこ》はこのとき秀吉の直臣になっている。蒲生氏郷《がもううじさと》が亡くなったときも、九十二万石の会津を取り上げ、宇都宮十八万石に移した。ところが堀秀政の子の秀治は、十五歳であったが領地を無事に受け継ぎ、さらに越後・春日山三十万石に躍進している（ちなみに当時の細川忠興は宮津十二万石）。これは一つには堀家の家臣団が優秀だったから、かもしれないし、もしそうなら、そこには先の秀政の家臣への温かい眼差《まなざ》しが影響していたかもしれない。

大正新脩大藏經データベース

亡き人の菩提を弔うのに、仏教では初七日に始まり、一周忌、三回忌の如き順序で法要を営む。お坊さんにお経を唱えていただき、説法を聞いて食事をする。かかる仏事がいつ定式化したのか、ぼくは知らない（ウィキペディアを見たら、驚いたことに儒教や道教の十王【元締が閻魔《えんま》さま】信仰が深く関わっているらしい）が、「お経を読むと亡き人の魂が安らぐ」という感覚は、古くからある。

富裕な貴族の家では、しばしば法華八講という法会が行われた。ここでは法華経八巻を四日間の朝と夕、のべ八回、講義する。講師と読師《とくし》が左右の講座に上がり、読師がお題を唱えると、講師がお経の解釈を行い、そのあと問者《もんじゃ》が解釈の内容について質問し講師が答える。問者と講師のやりとりを論義という。

論義というのはこんな感じ。「問者…法華経に【王舎城に住す】という一文がある。これは上茅城を指すのか。それとも寒林城か。講師…上茅城、寒林城、両方の意味があるようだ。なんとなれば【法華論】にこうある――」。こういうお経に則した問答を行うことで、施主は亡き人の菩提を弔うのである。

さて、鎌倉時代の東大寺に尊勝院宗性《そうしょう》（一二〇二〜七八）というお坊さんがいた。中級貴族の子で、おじいさんが似絵《にせえ》（写実的な絵画）の名手として高校教科書にも名が載る藤原隆信。僧位は権僧正に進み、東大寺のトップに上りつめたが、何しろこの方、勉強熱心で大量のノート類を残している。ちなみに、モンゴル軍が襲ってくる前段階の国書（貢ぎ物をもって挨拶に来い、来なければ分かってるよね、というもの）は、彼が書き写してくれていたので後世の人間が知ることができた。

宗性は学僧であったから、法華八講にも多く参加している。彼は論義の様子を詳しく記していた。それが『諸宗疑問論義抄』（付随して第一草稿と見られる『草抄』と第二稿であろうか、『本抄』がある）で、史料編纂所『大日本史料』第五編の時期にぴったり当てはまるから、ぼくはこれを読んで活字化しなくてはならない。ところがちんぷんかんぷんなのだ。第一に宗性の書くくずし字が難解。彼はこの史料を他人に見せるつもりはなかったのかな、と思ってしまうほどに、自己流で字をくずす。だから、彼の「書きぐせ」までを把握しないと、読めない。

第二に、書いてある内容がぼくたちに親しみのない思考・言葉であるため、文字の類推がきかない。外国語のヒアリングを思い出してほしいのだが、この場面ではこんな話題が出てくるだろうな、と見当がつくのとつかないのとでは、聞き取りの精度が違ってくる。たとえば『般若心経』の一節「故知般若波羅蜜多」の二文字が読めないとして「故知般□□羅蜜多」となっていたとする。有名な『般若心経』だから□□は若と波かな、とあたりがつくが、これが全く知らないお経であったら、まさに五里霧中、お手上げである。

こうしたわけで、『大日本史料』を刊行するたびに、『諸宗疑問論義抄』にはほとほと手を焼いてきた。だが、最近、ぼくたちは素晴らしい味方を得た。「大正新脩大藏經テキストデータベース」である。これは『大正新脩大藏經』の第一巻から第八十五巻までの全テキストをデータベース化したもの。

『大正新脩大藏經』は、大正十三年から昭和九年の十年間をかけて、韓国海印寺の高麗大蔵経再彫本を底本としつつ、日本にあった各種の漢訳仏典をすべて調査校合した、「漢訳仏典の集大成」と称されるもの。これがデータベース化されることにより、（『大蔵経』の般若部には『般若心経』も含まれているので）「故知般□□羅蜜多」と入れると、「故知般若波羅蜜多」と正しい文言が出てくるのである。しかも、この文章が般若心経の一節であることも明示される。ありがたや！　宗性さんとの距離はこのデータベースのおかげで少しだが、確実に縮まった。

先日、東京大学の入試業務で、高名なインド哲学者、下田正弘先生のお隣の席に座った。初対面ではあるが勇気を出しておずおずと話しかけたところ、ぼくのような二流の研究者相手に、とても優しく答えて下さった。サンスクリット語、チベット語、中国語など言語を軸に仏典解釈に取り組む、というお話はとても説得力に富んでいて、ああこの方は深い方だ、本物の学者だ、と納得できた。

何の気なしに『諸宗疑問論義抄』の読解のことをお話しし、「大正新脩大藏經テキストデータベース」ができたので、楽になりました、と申し上げると、先生は「そうですか、良かった。それ、ぼくらが作ったんですよ」と微笑《ほほえ》んで言われた。え！　そうだったんだ（あとで確かめてみると、先生は代表委員をつとめていらっしゃった）。仏は身近におわした。

東大ってやっぱりすごいな、知の宝庫だな（ぼくは除く）、と感じ入った。

日本史を専攻すると社会で役立つか

南北朝時代末の明徳元年（一三九〇年）から同三年にかけては、大きな事件が次々に起きた激動の期間であった。このころ、幕府のいわば仮想敵国として長く存在していた中国地方の大勢力・山名一族の征伐が二段構え（山名氏清らに親族を討たせて一族全体の勢力を削《そ》ぎ、ついで、京都での激しい市街戦の末にその氏清らを滅ぼした）で完了した。東北地方が鎌倉府の管轄に移され、室町幕府は関東以東を切り離したコンパクトな政権となった。あわせて都市京都への課税を確立し、京都を中心に形成された経済流通網から税を徴収する構造を整えた。これらの仕上げとして、吉野と京都に分かれていた南北朝の合一が北朝主導で遂行され、南北朝時代が名実ともに終焉《しゅうえん》した。

こうした大きな変化の中心にいたのが三代将軍の足利義満《よしみつ》であることは疑いようがないが、本郷恵子氏は義満の背後に、もう一人の人物の存在を捉えていた。明徳二年四月に十二年ぶりに京都政界に復帰し、翌年三月に六十四歳で病没した細川頼之である。都市京都を中枢とする西国重視・流通重視の新しい国家の確立。それが頼之の施政の眼目だったのではないか、と仮説を立てたのである。

ちょっと古くなったが、ジャーナリストの藤代裕之さんのネット記事「シラバスの厳格化と『生活費はバイトで稼いで』と言う保護者の間で詰む学生が出る」（二〇一九年二月十五日）はとても共感できる、すばらしい読み物だった。藤代さんはこの記事、また他のいくつかの記事で、いま文科省はかつて「レジャーランド」といわれた大学の存在形態の変化を促している、教育の質を高め、マジメに勉強しなければ卒業できない場所にしようとしている、という理解を基盤において、そこに様々な問題が生じていることを鋭く指摘する。

この理解は正鵠《せいこく》を射たものである。少し前、大学は「授業に出なくても単位が取れ、卒業でき」た。でも、今は明らかに変化した。財務省・文科省などの役所は「これだけの投資をしているのだから、しっかり勉強して成果を出せ」と求める。社会は厳しく「あなたは大学で何を得たか」と問う。賛否はあろう。ぼくも感情的にはイヤだ。だが一方で、この要求には妥当性を見いだささるを得ない。

就職試験の面接の場面を想定すると話はスムーズである。面接官が尋ねる。あなたは大学で、社会に役立てる何を学んできましたか？　理系は楽に答えられよう。法学部・経済学部も容易に答えを作成できそうだ。問題は文学部である。とくに実学とは縁遠い歴史学は結構つらい。

答案1…濃密な「知のトレーニング」を体験した。この体験はこれからどんなことに取り組むにしても役に立つ――。これで試験官が満足してくれれば良いが、より具体的に、と踏み込まれるかもしれない。そこで、

答案2…歴史資料を読み、整合的な解釈をもとに史実を復元するトレーニングを積んだ。ここで獲得した「実証的な態度」、信頼性の高いデータから推論を導くという姿勢は、様々な仕事を冷静に、俯瞰《ふかん》的に成し遂げるのに役立つ――。こう答えたら合格できるだろうか。

大学改革はぼくたち教員にも、今までとは異なる教育に精励せよと求めてくる。こと日本史に関していうと、教養科目の一つとして日本史を教える。これは問題ない。意義は直ちに述べられる。これから君たちは世界を舞台に活躍する。その時、自分のアイデンティティーを確認するため、日本史を学んでおきなさい。先生は中等教育とは異なる、射程の長い日本

史の授業を展開するのでよく聞くように。そう胸を張って言える。

　頭を抱えるのは、「日本史を専攻する」学生と対峙する時だ。彼ら彼女らは日本史の論文を書いて、社会に旅立つ。日本史で論文を作成することは、社会にどう役立つのか。もちろん、原稿用紙で百枚ほどの文章はワン・アイデアでは書けない。構想を練り上げ、独自性を持つ論旨を構築する。さらにそれを他者に分かり易く伝える。こうしたトレーニングは十分に意味がある。でも、そうしたできあい感に満ちたものではなく、より積極的な技能を学ばせられないか。教員としては、学生が社会の荒波に漕《こ》ぎ出すにあたり、一つでも多くの有用なスキルを付与してあげたいじゃないか。

　そこで想起されるのが、因果関係の分析、ということである。表面的にはそれぞれが個別に存在する事象。それを取り上げ、一つ一つの本質を問いながら、関連性を探っていく。関連性が見えてきたら、さらにその背後にある「おおもと」を追い求める。凡庸な目では捕捉できない「原因と結果」の探求。それを理知的に成し遂げるトレーニングを積めれば、社会生活のあらゆる場面で役立つではないか。日本史は、それを体得するのに、とても適合的な学問ジャンルではないか。（次回に続きます）

歴史研究者の使命

ぼくには親友と思える人がいた。だが十五年前、あることを契機として私たちは激しく対立した。根の深い「本当のところ」は、今は問題にしない。表面的な契機、それが「史料と実証」をめぐる意見の相違だった。

史料「あ」と史料「い」がある。この二つをもとにして「う」という事態を推測する。それをくり返すことが日本史という学問の方法だ、とぼくは当然のように思っていた。ところが彼は、それは実証的ではない、と突っぱねた。直接的に根拠とする史料が存在しない以上、「う」という事態に言及しないのが研究者の良心である、と。

若かったぼくは激昂《げきこう》した。そんな愚かな言い分があるか。日本に残る史料は質量ともに世界一とはいえ、全ての日時、全てのジャンルのデータが都合良く揃《そろ》っているはずがない。「あ」と「い」を帰納的に把握し、その成果から演繹《えんえき》して「う」を復元する。帰納と演繹。この二つの作業なしには、「通史」など絶対に書けない。そう力説したが、彼は頑《かたく》なに実証的ではないとくり返し、私たちは訣別《けつべつ》した。

今から思えば、反省すべき事は山ほどある。だが、この「史料と実証」の問題に関しては、考えは変わらない。残された史料を一つ一つの断片として切り離すのではなく、因果関係の中で捕捉する努力が必要だ。それをしないなら、日本史研究者はただの調べる人＝史料職人であり、考える人＝研究者を名乗る資格はない。

今たとえば北朝鮮のミサイルの存在は、日本の安全保障の喫緊の課題である。かの国について良質な情報は限られる。でもそれを受けて、資料がないから分かりません、では良心的と評価されるどころか無責任の誹《そし》りを受けよう。もちろん日本政府は分からないで済まさずに、韓国やアメリカ・中国の情勢も考慮しながら知力を尽くして対策を練っている。ジャーナリズムも政府の対応の妥当性や効果をめぐって、議論を展開している。

日本史も同じなのだ。史料は有限である。それを有効に使いながら因果関係を見出《みいだ》し、そこから新しい解釈や知見を導き出す。またそれを学界や社会に問うことによって、妥当性を吟味する。日本史とはこうした態度・方法を身につける学問であるといえば、前回述べた就職試験で、試験官に認めてもらえないだろうか。世間に有用な学問として受容されないだろうか。

南北朝時代、細川氏は四国に勢力を伸張《しんちょう》した。この家は足利一門とはいえ、家格は低く、早くから家来として扱われていた。だが四国の武士を効率よく統合することに成功して飛躍した。中でも、同族中のライバルを倒して細川氏をまとめ上げ、存在感を発揮したのが細川頼之（一三二九〜九二）であった。彼は二代将軍足利義詮《よしあきら》の遺命によって三十九歳で幕府の管領に就任し、十一歳の新将軍足利義満《よしみつ》を補佐した。

三代義満はよく知られるように、貴族として官位を上げていって朝廷内で勢力を固め、天皇を凌駕《りょうが》する権力を誇った。さて、ここで考えるべきことが生じる。足利尊氏・義詮は官職は大納言に止《とど》まった。義満は父祖を超えて大臣になり、朝廷の儀式を統轄《とうかつ》する左大臣を長く務め、太政大臣に昇った。これは「たまたま」そうなったのか。もちろん、そうした解釈もあり得よう。だが、当時において官職・位階の獲得、貴族としての振る舞いの体得は長い時間のかかる一大ミッションであった。誰かが設計図を書き、協力者（たとえば貴族のボスである二条良基）を組織し、周到に事を運んだとみるべきではないか。

もしそうなら、では誰の意図だったか。もちろん、義満本人が意図したという側面は当然あるだろう。だが、まだ少年だった彼が昇進の道を歩み始めたとき、そのレールを敷いたのは、後見の頼之ではなかったか、とぼくは考えるのだ。

足利尊氏の時代に幕府政治を担った弟の足利直義は、もともと幕府を鎌倉に置くべきだと説いていて、武家の支配と貴族の政治を別物として安易な相互交渉を避けようとした。頼之はこれを大きく転換し、公家の政治をすっぽりと幕府政治のもとに吸収しようとしたのではないか。義満を昇進させて最上位の貴族とする。彼のもとには、鎌倉中期から朝廷政治を担っていた実務貴族たちが「家礼」として伺候する。上皇と実務貴族の政治から、将軍・義満と実務貴族の室町政治へ。ここに公武にまたがる「室町王権」が現出する、と整理することができる。そしてその制度設計をした者が頼之であり、このあとも細川氏は幕府政治に大きな役割を果たす。

これは試論であり、学界や社会の納得を得られなければ斥《しりぞ》けられることになる。それでも、歴史を読み解くための提案をすることが歴史研究者の使命であり、またかかる試論を作り出そうとする営為は、社会で様々に応用できるだろうと思うのだ。

第6章　「タテマエ」の「ホンネ」に注目してみると

本多忠勝の「武士道」は実践重視

日本武道館の『月刊武道』に文章を書いていたことがある。その時の編集長さんがまことにかっこいい中年紳士だった。爽やかな風貌である上に、背が高く、体幹がしっかりしていて、すべての振る舞いが美しい。話を聞いてみると、剣道の高段位を有しているという。

このとき、ぼくは失礼かなと思いながら、前々からの疑問をぶつけてみた。武道の研鑽《けんさん》に励まれている方は年齢が上がるほど高い段位を持ちますよね。でも、たとえば六十歳で八段の方と、三十代で五段、全日本選手権クラスの剣士とはどちらが強いのですか？　編集長さんは「剣道と剣術とは違う。剣道では竹刀で相手に打ち克《か》つだけを『強い』とはいわない」というような感じで答えて下さったと思う。

それで思い出したのが、日本の「○○道」というあり方である。剣道や柔道などの武道から、茶道・華道・書道など芸道、さらには野球道なんて言葉もある。こういう「○○道」

は、竹刀で敵を倒すのも筆をもって絵を描くのも、それは手段であって、究極の目的はその先にある「絶対的な境地、安心立命の境地」、もっと簡単に言うと「悟りの境地」に到達することを目的としているのではないか。

中島敦の名作『名人伝』において、紀昌《きしょう》という男が天下第一の弓の名人にならんとした。弓の名手と呼ばれる人物に弟子入りし、その人を超えると深山幽谷に住む達人に「不射之射」を学ぶ。ところが山から下りてきた彼は以前のぎらぎらした感じをなくしていた。彼の師だった弓の名手は「この人こそ本当の名人だ」と平伏するが、紀昌はその後の人生を市井の平凡人として暮らした。晩年の彼に会った人は、たまたま弓を目にした紀昌が、それが何の道具か忘却している様子を見て驚嘆したという。ここには、「弓の修練→弓の止揚＝日常を超えた境地へ」という動きが描かれている。

先に野球道と書いたが、昭和の野球はまさに武道としての一面を持っていた気がする。川上哲治は「ボールが止まって見えた」と言った。ファーストを川上から引き継いだ王貞治は師匠の荒川博の厳しい指導のもと、真剣を振って開眼、「一本足打法」を編み出した。

野球人気に大きな影響をもった梶原一騎の『巨人の星』のアニメ版最終回を見てみたら、

満身創痍《そうい》になってもう野球はできない、という状態で主人公の星飛雄馬は完全試合を達成する。すると敵に回っていた父の星一徹が彼を背負い優しく語りかける。「我々父子の長い対決は終わった。今のおまえなら、人生のどんな場面でも立派に生きていけるだろう」。いや、お父さん、あなたが与えた試練によって、飛雄馬くんはぼろぼろ、野球人生はもうおしまいですよね。そこまで追い込む必要が、どこにあったのですか……。

落合博満の偉大さはいろいろと語られているが、ぼくは彼の偉業は、野球を野球道から解放したことにあると思う。落合は選手のプレーを、あくまでも技術として観客に提供した。当然、卓越した技術を楽しむにはお金が必要である。野球道の影響下にあった王や長嶋茂雄はお金のことは口にしなかったが、落合は堂々と高い年俸を要求し、プロであればそれが当然と言い切った。大リーグでは一九八〇年頃《ごろ》から年俸の高騰が始まったが、日本もそれに追随、野球はマネーゲームになった。

本多忠勝（一五四八～一六一〇）は徳川家中随一の猛将として名高い。松平家に古くから仕えた本多家の当主（父は彼が二歳の時に戦死）として子どもの頃から戦場に出た。桶狭間の戦い以来、家康の主要な戦いには常に参加。家康の強大なライバルであった武田家から

「家康にすぎたるもの」と称賛された。

家康が関東に封じられると、上総・大多喜城で十万石を与えられた。これは盟友である榊原康政（館林城主）に並び、井伊直政（箕輪城主。十二万石）に次ぐ待遇である。この地域には安房の里見氏の勢力が残っており、同氏を抑える役割を任せられた。関ケ原の戦いでは戦奉行として戦場を駆け回り、東軍の勝利に貢献した。戦後は伊勢・桑名十万石に移り、近江・彦根に封じられた井伊家とともに、西国への備えを務めた。

彼は生涯五十七回の合戦に臨んだが、かすり傷一つ受けなかったという。その彼は「武士道」をどう捉えていたか。精神のあり方を抽象的に説いているのかというと、どうもそうでもない。「それがし家人らは、形物好よりして、武士の正道に入るべし（『本多平八郎遺訓』）」。わが本多家の侍は形から入る。美しい武士とは、あらまほしき武士とはこうだ、という形を重視して、まねる。それを徹底すれば、やがて「武士の正道」を体得できる。うん、忠勝は、武芸を磨いて、立ち居振る舞いを重視して本当の武士を目指せ、と言っているようだ。実践重視。これが忠勝の「武士道」だろうか。

芸道を別次元の境地に繋げる、千利休の辞世

　茶聖・千利休は豊臣秀吉の命により、天正十九年（一五九一年）二月二十八日に自害した。その三日前の二十五日、彼は辞世を認《したた》めている。四言四句の偈《げ》一首と和歌一首から成るそれは次のようなものであった。

「人生七十《じんせいしちじゅう》　力囲希咄《りきいきとつ》　吾這宝剣《わがこのほうけん》　祖仏共殺《そぶつともにころす》　提《ひっさぐ》る我が得具足《えぐそく》の一太刀　今此《この》時ぞ天に抛《なげう》つ」

　ここには利休の思いが凝縮されていると考えられるが、これをどう理解するか。ぼくは前回の「○○道」の理解をもとにして、解釈に挑んでみようと思う。

　利休は長く禅に親しんでいた。天正十三年（一五八五年）九月、彼が正親町《おおぎまち》天皇から居士号を賜ったときに、大徳寺の古渓宗陳《こけいそうちん》（蒲庵《ほあん》古渓ともいう）和尚は次のように述べている。

「泉南の抛筌斎宗易《ほうせんさいそうえき》はすなわち予の三十年飽参の徒なり、茶事を以《もっ》て務めとなす、このごろ

かたじけなくも特に綸命《りんめい》を降し、利休居士の号を賜《たま》う（『蒲庵稿』）」。三十年の長きにわたって参禅していた利休の禅宗理解は、相当に深いところに達していたに違いない。遺偈《ゆいげ》を解釈するときには、そのことが大前提となる。

「力囲希咄」は「えい！」とか「かーつ！」というように、賢《さか》しらな理屈を積み上げていくのを「根底からひっくり返す」声、と取ればよい。「祖仏ともに殺す」は、有名な臨済義玄（?～八六七。臨済宗の開祖）の言葉、「仏に逢《お》うては仏を殺せ。祖に逢うては祖を殺せ」に基づく。禅宗は「あれか、これか」という論理的な区別を乗り越えよ、と説く。「善と悪」とか「美と醜」など、厳然と存在するように思われる対立を「根底からひっくり返し」、哲学的に言うと止揚し、そこに悟りを感得する。だから権威である「仏・祖師」も、それをただ崇《あが》めるのではなく、乗り越えていかねばならない。それが「仏を殺せ、祖師を殺せ」の意味になる。

問題は、偈にも和歌にも言及されている宝剣＝一《ひと》つ太刀である。宝剣、得具足（手慣れた道具）たる一つ太刀とは何か？　ぼくは、これこそは「茶の湯」であると捉えたい。

「人生七十年、いろいろなことがあった。だが詮ずるところ、えい！　私の宝剣とは、茶の湯である。私はこの茶を以て、仏を、先達を、乗り越えてきた」。それが偈の内容ではないか。続けて和歌。「私は茶の湯一筋に修行し続けてきた。死に臨んだ今この時、その茶を天に抛つのだ」

ここでのポイントは「抛つ」ものは何か、である。諸説あるが、ぼくは「茶の湯」であると取る。人生を通じて学んだ茶の道。それを抛つ、と言っている。

利休は、先の『蒲庵稿』にあるように、「抛筌斎」を名乗った。筌は「うえ」。魚を捕るための仕掛け。利休居士こと田中与四郎は、魚を扱う堺の大商人だった。だから「抛筌斎」とは、世を生きるための生業（具体的には魚商人）を抛って、茶の湯一筋に精進する人物、の意になる。

抛つ、とはただ「投げる」ではなく、「根底からひっくり返す」ことに通じる。人々が疑うことをしない厳然たる観念を、根本から否定し、新しく組み上げていく。現在の学問がいう「脱構築」に相当する。日常を抛って、茶の湯に邁進《まいしん》する。しかのみならず、その茶すらも抛つ。それは、仏を殺し・祖を殺す態度と同じく、茶の湯という手段を否定して、悟りや解脱といった自由闊達な境地を目指すこと。則《すなわ》ち、禅のふるまいそのものなのだ。

前回『名人伝』を紹介した。その魂胆に、読者の皆さんはすでに気づいておられるだろう。紀昌《きしょう》は弓矢から入り、一心に修行して、弓矢を忘れた。利休はすべてを抛って茶に親しみ、一心に茶の湯に精進し、ついでその茶を抛つ。『名人伝』の世界がまさにここにあるのだ。

日本においては、様々な芸能が「道」として捉えられる、とぼくは先に指摘した。茶や剣に打ちこんで技の習熟に努めるのだけれども、それを極めた果てに、悟りの地平に行き着く。茶であるとか、剣であるとかは、すべてに共通した「清明な境地」にたどり着くための、各々《おのおの》の「道、道程」である。そうした観念は、おそらく「剣禅一如」の語が語るように、禅の方法論に影響を受けているのだろう。

芸道という言葉を多く用いたのは、能の大成者たる世阿弥元清（一三六三〜一四四三、異説あり）である。そして、これはいまだ思いつきの域を出ていないのだが、芸の道が別次元の境地へ繋《つな》がるという観念なり、方法なり、認識の運動を初めて明示した歴史資料こそは、「利休の辞世」だったのではないか。茶の湯のみならず、いま我々の周囲にあるすべての芸道のありようを、いち早く教えてくれたのは、千利休だったと思う。

元号と「令和」を考える

曲学阿世《きょくがくあせい》と言われるのは恥辱だから、令和という新元号について書いておきたい。

ぼくは字を日本の古典から取ることには異議がない。また出典がそもそも中国の古典であっても、何の問題もないと思う。日本の文化が中国の影響を受けていることは疑いようのない史実であるし、オリジナルを自分たちに合うようアレンジすることにこそ日本人の特性が発揮される（明治維新では「和魂洋才」が説かれた）と考えるからである。先人の素晴らしい到達に敬意をもって模倣し、そこに工夫を凝らして自己を表現する。和歌でいう「本歌取り」であり、文化の継承の精華である。

いくつかの問題はあるものの、「私たちの元号」という意味ではぼくは令和を喜んで受け入れようと思う。どうやら国民の多くが新元号にポジティブな評価を抱いているらしいので、そうした態度を選択することが民主主義の原則にかなっている。ただ、どうしても気になるのは、これが「私たちの元号」にとどまらず、新しい天皇のお名前になるという点である。

　日本中世史の研究者として発言すると、「令」の字は天皇にはふさわしくない。まず、これは「皇太子とそれに準じる親王、三后（皇后など）」の命令を示す文字である。皇太子や親王の命令は「令旨《りょうじ》」といい、歴史上で有名なものとして源平の戦いの発端となった「以仁《もちひと》王《おう》の令旨」（親王でないのになぜ令旨、という点は今は省略）と、鎌倉幕府打倒をもたらした「大塔宮護良《おおとうのみやもりよし》親王の令旨」がある。では天皇の命令は何かというと、「綸旨《りんじ》」である。これは中世史研究者の常識だ。

　もう一つ、貴族たちは三位以上になると、領地の切り盛りなどにあたる「政所《まんどころ》」という役所を持つことを公認される。その政所の職員の上級者が「令」である。これが「家令」の語となり、（以下は定説にはなっていないが）それがおそらく「家礼」となり、「家来」に転じる。つまり、主人と従者でいうと、「令」は従者サイドなのだ。

　男性は「僕」と称するが、これこそ従者を意味する。君に対する僕。謙《へりくだ》った言い方だ。女性の「妾《わらわ》」もそう。官人なら「卑職」、君主の御前では「臣、なにがし」という。もっと社会に根付いている例として、「弊社」、これに対する「御社・貴社」がある。ビジネスパーソンが「話し言葉なら御社、メールなどでは貴社を使え」と先輩に教わるのと同様に、就職試験で「志望動機は?」と尋《たず》ねられた学生が「弊社のビジョンに共感しました」と答えたら笑われる。

未来の話になるけれども、新天皇が退位されたときに「令和天皇」の名を奉ることには、こうした理由で違和感がある。天皇は「ただお一人」の存在であるはずなのに、謙譲を要求するのか、と。象徴天皇なのだから古い事例を持ち出すな、伝統にこだわるな、というなら、かまわない。ただ、今の天皇陛下は日本中世史の優れた研究者でいらっしゃる。このようなことはご存じである。どのようにお感じになっただろうかと、複雑な気持ちになる。

森鷗外は「大正」という元号は宜《よろ》しくない、と公言していた(当時の立場は宮内省帝室博物館総長兼図書頭《ずしょのかみ》)。「正」の字は分解すると「一」と「止」になる。「一に止まる、まずはストップ」の意になるからだ。それで彼は過去の元号を考察する研究を始め、自分が没した後の後継者には吉田増蔵《ますぞう》(一八六六~一九四一)を指名した。吉田は鷗外の研究を『元号考』として完成させ、元号「昭和」の生みの親ともなった。

この話を妻にした。彼女は同業であるが、頭の切れで勝負するタイプで、けっして物知りではない。ところが「森鷗外は『正』を『一に止まる』と読んで、『大正』に反対したそうだよ」と言ったところ、彼女は「あら、それは鷗外の発案なんかじゃないわよ」とサラリと驚くべきことを教えてくれた。「私が読んでいた室町時代の公家、中山定親《さだちか》（権大納言）の日記、『薩戒記《さつかいき》』に出てきたわ。『正長』への改元の時の記事だったと思う。『正は一に止まるだから、やめよう』というケチのつけ方は貴族たちが共有する定番だったようね」

何が言いたいかというと、物知りはどこにでもいる、ということだ。浅学非才を地で行くぼくら夫婦のようなものでも、知っていることはある。逆に日本のことは知っていても、中国の故事には疎い。日本の文学には明るくても歴史は専門外だ。上代文学なら知り尽くしているが、中世はどうも……。こういうことはよくあることだ。だったら、物知りに聞けば良いのだ。いろいろな分野の学者（十人ほどで良いのだから手間ではないだろう）を集めて合議をすれば、ほかの選択肢もあるいはあったかもしれない。元号は人より早く知ったからといって、利益になるものではない。ならば、よりオープンな審議こそが肝要なのではないだろうか。

『吾妻鏡』の空白の年に起きた事件

『吾妻鏡』という書物がある。鎌倉時代後期に成立した、幕府の正式な歴史書である。幕府のトップに位置する将軍のこと、執権を務めて実権を掌握する北条氏のこと、御家人たちのことなどが詳しく書いてある。中世史研究者には、とても大切な本なのだ。

この本は、他の書籍と同様、世の乱れとともに一時散逸していた。だが戦国時代の後北条氏が質の良いものを持っていた。後北条氏は小田原城が落城して滅びるというときに、いろいろと世話になった黒田官兵衛にこの本を贈呈した。官兵衛の息子の長政は徳川将軍家に、同書を献上した。江戸幕府はこの本を大事に保管し、明治維新を迎えた。これが『北条本吾妻鏡』で、『国史大系』の一冊として活字化された。いま私たちが手軽に参照するのがこの本である。

ところが最近、東京大学史料編纂所の井上聡《さとし》准教授の研究により、右記の定説が崩れようとしている。『北条本　吾妻鏡』がかつて散逸していたことは間違いないのだが、お金と手間をかけて日本全国からこれらを収集し復元したのは、他ならぬ徳川家康だというのだ。家康が『吾妻鏡』を愛読していたことは知られているが、『吾妻鏡』の収集は秀吉が存命中からすでに行われていたらしく、そうすると家康が大坂や伏見や京都でなく江戸に幕府を開いたということ自体、鎌倉に拠点を定めた源頼朝の模倣といえるのかもしれない。ともあれ、『北条本　吾妻鏡』の名称は『家康本　吾妻鏡』に変更した方が良さそうなのだ。

家康は綿密に『吾妻鏡』の復元に努めたが、それでも欠如している部分がある。有名な箇所を挙げるなら、たとえば頼朝が亡くなる前後の記事は見当たらない。それに触発されて、頼朝は義経の亡霊を見て落馬して死んだとか、いや平家の亡霊だとかの説が現れた。真山青果は畠山重保（勇者・重忠の子）が頼朝を斬る『頼朝の死』という作品を書き、歌舞伎の演目となっている。もちろんこれはフィクションなのだが。

同じようなことは他にもある。『北条本　吾妻鏡』第二は寿永元年（一一八二年）十二月三十日条で終了している。次の第三は寿永三年（一一八四年、四月十六日に改元し元暦元年）正月一日から始まっている。つまり、寿永二年（一一八三年）がまるまる抜け落ちている。

これはなぜか。家康が見つけることができなかったのか。それとも元々《もともと》なかったのか。寿永二年は源（木曽）義仲が獅子奮迅の活躍を見せる年であり（七月に平家を追い落として都に入る）、鎌倉幕府成立の大きな画期となった「寿永二年十月宣旨」が出された年でもある。この年の記事が現存したら事情がもっと分かるのに、と歯がみをする研究者は少なくない。

この年の冬、上総国を代表する有力御家人、上総広常が頼朝によって誅殺《ちゅうさつ》された。彼は治承四年（一一八〇年）の九月、石橋山の戦いで大敗した頼朝が房総半島で再起を図ったときに、多くの武士を引率して頼朝の麾下《きか》に馳《は》せ参じた功労者であった。彼の帰参を得たことにより、南関東の武士は続々と頼朝のもとに集結し、源氏軍はたちまちのうちに優勢になった。その彼がなぜ、討たれねばならなかったのだろうか。

頼朝という人は、弟の義経を死に追いやったために「冷たい」「酷薄」というイメージがついて回るが、不遇のときに温かく接してくれた人物にはしっかりと恩を返す一面があった。彼を最初に認めたのは北条政子だったかもしれないが、この糟糠《そうこう》の妻を堂より下さなかった。また、流人時代から仕えてくれた安達盛長《あだちもりなが》には広大な荘園を与え、重く用いている。政子と結ばれる前、彼は伊豆の伊東祐親の娘との間に子をなしたが、そのことを知った祐親は二人の間を裂き、子を殺し、頼朝を討とうとした。このときに急を知らせて彼を逃がしたのが祐親の子、祐清であった。鎌倉で成功した頼朝は祐親を許さなかったが、祐清については自らの陣営に迎え入れようとしている（祐清は頼朝の招きに応じず、平家の軍に加わって源〈木曽〉義仲との戦いで戦死した）。

さて広常だが、普通に考えて彼の実力は大きすぎ、それゆえに疎んじられ排除されたと解釈することができる。『吾妻鏡』の記事によると、広常は二万騎を率いて頼朝のもとにやってきたという。これはにわかには信じがたい。ぼくはその国にその人あり、と知られる武士が養っている兵は三百くらいと考えている。二万は盛りすぎだろう。

要するに広常の勢力は、他の有力武士、たとえば先述の伊豆の伊東、相模の三浦、武蔵の畠山、下総の千葉らに比べても頭一つ抜けていた、と見るべきだろう。だからこそ、頼朝に警戒され、命を奪われた。そう考えると納得できる。でも、もう少し深く考えることもできそうだ。それは次回に。

わが家にとって頼朝に従うのは得か、損か

前回、上総広常について触れた。彼は『吾妻鏡』によると微少な兵力しか持たない源頼朝のもとに現れ、臣従を申し出た。実際に会ってみて頼朝が人の上に立つ器にあらず、と判断したら討ち取ってやろうと思っていたのだが、頼朝の威厳に感じ入り、忠節を尽くすことを誓ったという。

このとき広常は二万騎を率いてやってきたというが、これはどう考えても多すぎる。要するに広常は有力な武士（有力武士は三百ほどの兵を養っているようだ）の中でもとくに優勢な力を保持していた。二万騎というのは「たくさん、ものすごく多い」の意味だろうと何の気なしに思っていた。ところが最近、壬申の乱について調べていたら、面白いことを見つけた。

壬申の乱は天智天皇の後継の座を巡って六七二年に起きた、天皇の弟・大海人皇子《おおあまのおうじ》と子・

大友皇子の軍事衝突であり、この戦いに勝利した大海人皇子が天武天皇として即位した。天智天皇が亡くなったとき、大海人皇子は吉野に隠棲《いんせい》していたが、やがて鈴鹿を通って尾張・美濃に入り、不破の関近くに本営を構える。ここで東国の兵を集めて、兵力差で近江の大友皇子の軍を打ち破るのである。

大海人皇子が伊勢から美濃に移ったときに尾張国司の任にあった小子部鉏鉤《ちいさこべのさひち》が二万を率いて加わった。皇子はたいへんに喜び、この兵を軍事に活用したという。もちろん、二万は誇張に違いない。広常の場合と同じである。しかもこの鉏鉤、大功労者であるはずなのに、乱が終了すると自殺してしまう。この辺りも広常の運命に似ている。もしかしたら『吾妻鏡』の編纂《へんさん》者は『日本書紀』をよく知っていて、広常に鉏鉤を重ね合わせたのかもしれない。

よく東国の源氏、という。たしかに源氏のヒーロー、八幡太郎義家の頃、南関東の有力武士たちは源氏と主従の関係を結んだ。だが義家の子の義親、孫の為義が粗暴でボンクラであったため出世できず、主従の絆は一旦は消滅したと見た方が良い。源氏の勢力圏を再構築したのは「オヤジに任せていたら、源氏の将来はない」と一人関東に下った、為義の子、頼朝の父である義朝であった。彼は広常の父・常澄の世話になって関東で大いに名を挙げ、

「上総御曹司」を名乗った。一一四三年には上総氏を助ける形で相馬御厨《そうまのみくりや》（取手、我孫子、流山、柏などにまたがる広大な荘園）に乱入している。

このとき相馬御厨事件において、義朝に敗れ、臣従を強いられたのが、鎌倉幕府の有力御家人となる千葉氏であった。後に義朝は京都に帰って保元の乱・平治の乱を戦うが、上総広常は両方に、千葉常胤《つねたね》は保元の乱のみに義朝の麾下《きか》として参加している。平治の乱はいわばクーデターで、信頼できる者だけを義朝は招集した。このことからも、義朝の信頼度は、「上総＞千葉」だったと思われる。

ところが、頼朝が房総に敗走してきたときには、この関係が逆転する。千葉常胤は一も二もなく源氏軍への参加を決めた。これに対して広常はなかなか動かず、状況を見定めていた。その結果ようやく重い腰をあげ、とはいえいざとなったら頼朝を討つ可能性も捨てずに頼朝に会いに行ったのである。

このあたりの武士たちの駆け引きから分かるのは、源頼朝という武家のリーダー候補への関東武士の「ドライな視線」である。広常を動かしたのは、江戸時代の「主人のためならば喜んで命を差し出します」というような、絶対的な「主人―従者」の絆ではなかった。頼朝は使えるのか。わが上総家にとって利益になるのか。それをシビアに見定めていた。

　そしてそういう思惑を秘めていたのは、広常だけではあるまい。多くの関東武士が、「わが家にとって得か、損か」で頼朝への与同を決めたに違いないのである。

　一一九〇年に上洛《じょうらく》した頼朝は、後白河上皇と語り合ったとき、広常について言及した。「彼は、おれたちは朝廷に関わりなく、関東だけでやっていこうと、関東第一主義を唱えた。朝廷と交渉しようとする私を批判した。だからやむなく、排除したのだ」と語ったという（『愚管抄』）。この頼朝の述懐はウソではあるまい。

　当時の関東には、いわば「関東自立」を良しとするグループがあった。その代表こそは広常であった。一方の頼朝は朝廷と交渉し、鎌倉の軍事集団を朝廷に公認させようとする道を模索していた。その結果、朝廷は「寿永二年十月宣旨」という命令を下し、頼朝とその部下たちの働きに正統性を与えた。この宣旨を得たときを幕府成立の画期とする学説は今なお有力だが、ともあれ宣旨の獲得に前後して広常の殺害が指示・実行された。公武協調を模索する頼朝の目には、広常はジャマ者と映ったのであろう。

源氏と平氏は昔からのライバルではない

日本会議の百地章先生とお話しする機会があった。ぼくのような者の話にも真摯に対応してくださって、穏やかで理知的な対話になったと思う。考え方については異なる点が少なくないが、やはり高名な論客は言葉に重みがあるなあ、と感じた。

周知のように、先生は天皇制の存続を願い、さらに「男系による継承」を強く主張している。このとき当然、若い皇族の男子が悠仁さまお一人であることが懸念材料となる。そこで先生は旧宮家の復活を強調される。戦後に廃された宮家を復し、その皇子を後継候補に、というのだ。

皇族から民間に下った方を、再び皇族に戻すことができるのか。さらには皇位につくことはできるのか。歴史の観点からすると、できる、なのだ。先例がある。菅原道真を抜擢《ばってき》したこと、密教に造詣が深かったこと、一匹の黒猫を愛したことで知られる宇多天皇は、いっとき臣籍に降下して源定省《さだみ》と名乗っていた。だが仁和三年（八八七年）に父君の光孝天皇が重体に陥ると、八月二十五日に皇族に復帰して親王宣下を受け、翌日に立太子、その日のうちに天皇が崩じたため践祚《せんそ》した。もちろん、これは特殊例である。特殊だからこそ、人々の記憶に残った。

特殊の反対は、常態である。常態で言えば、どうやら上流の社会には強固な「ランク」の意識があったらしい。たとえば皇族と臣籍の人は、峻別《しゅんべつ》される。いったん臣籍に降りてしまうと、皇族に復帰することはきわめて難しい。「ランク」の壁は越えがたい。僧籍にある人が俗人に戻ることを「還俗《げんぞく》」というが（たとえば室町時代、天台宗の青蓮院《しょうれんいん》義円《ぎえん》は還俗して六代将軍の足利義教《よしのり》になった）、還俗の事例はそれなりにある。だが「ランク」を乗り越える事例はなかなか見ることができない。一番分かりやすいのは、朝廷の常態が廃れてしまった後世、農民出身の羽柴秀吉が関白・豊臣秀吉になったことか。

平安京をつくった桓武天皇には何人かの皇子がいたが、その一人の葛原《かずらわら》親王の孫である高《たか》望《もち》王は、宇多天皇の勅命により平朝臣《あそん》を賜与され臣籍降下し、平高望を名乗った。これが高望王流の桓武平氏であり、子孫に平清盛がでた。また葛原親王の長男の高棟王も平姓を賜っていて、この流れは京都に居住し、貴族の平家を形成した。清盛の正室である平時子は、こちらの平家である。つまり、同じ桓武平氏でも、貴族のランクと武士のランクがあったのだ。もちろん、貴族の平家が上位である。

もう一つ重要なことは、高望王流の武士の平家はさらに二つに分化するのだ。清盛に連なる、「武士の棟梁《とうりょう》になれる」血筋①と、「武士の棟梁にはなれない」血筋②と。①は②を束ねて従属させた。貴種のランクである。②は①を主人と仰ぐ。家来のランクである。両者には厳然たる壁がある。それは当時の武士たちの共通認識になっていた。

具体的にみよう。関東で反乱した平将門を討ち取った従兄《いとこ》・平貞盛の直系の子孫は、本拠を京都に近い伊勢に移しながら朝廷に仕え、伊勢平氏となった。これは①。平氏の傍流は関東に土着し、その地域の有力武士となり、所領とする土地の名を「家」の名とした。上総の上総氏。下総の千葉氏。武蔵の河越氏、畠山氏。相模の三浦氏、大庭氏。みな平氏である。忘れてはいけない、伊豆の北条氏も規模は小さく、歴代の様子が鮮明ではないながら、平氏であった。

ぼくは源平の戦いを説明するときに、源氏と平氏は朝廷の命を受けて合戦しているだけで、昔からのライバルとか、不倶戴天《ふぐたいてん》の敵などではない、と強調している。このとき、説明を分かりやすくするために、「だって源頼朝のもとに馳《は》せ参じている御家人は、みな平氏ではないか。彼らが結集して京都の平家と戦っている。源平の戦いといっても、平家と平家が戦っているわけでしょう?」などという。

本当はこれはごまかしで、正確ではない。源平がライバル、というときに問題になるのは平家①に限る。源氏にも主筋の源氏①と家来の源氏②があり、平家①とつりあうのは源氏①に限定される。「世の人は平家①と源氏①とがライバルと言うが、そんなことはない」がぼくの言いたいことであって、そこには②の連中はそもそも含まれない。①からすると②は格下だから、彼らが平家の血を引こうが源氏だろうが、はたまた藤原氏だろうが、眼中にないのだ。

このときに問題は、では具体的に何をすると、平家①は平家②ランクに落ちてしまった、と周囲に認識されるのかである。ああ、それ以前に、何をすると平家①は、あいつらは武士のランクに落ちた連中であって私たち貴族ランクの平家より下位の者だ、と認識されてしまうのか。皇族からの排除は「臣籍降下」であるが、A「貴族平家→武士平家」、B「平家①

↓
平家②」は何をどうすると、そうなってしまうのだろう？

貴族と「都の武士」と「いなかの武士」

前回、皇族からの排除もしくは離脱は「臣籍降下」であるが、A「貴族平家→武士平家」、B「平家①→平家②」は何をどうすると、そうなってしまうのだろう？　と書いた。ぼくなりの考えを述べておきたい。

Aでも Bでもキーになるのは、やはり「京の都」であろう。貴族は京都に住み、生活している。常に朝廷に出仕するのだから、当然のことだ。もし国司、則《すなわ》ち県知事に任じられたらどうするか。平安時代の中期以降、ということは武士が出現してきた頃には、すでに「遙《よう》任《にん》」というあり方が常態化していた。気の利いた家臣を代官として任地の国衙《こくが》（今の県庁）に送る。目代・眼代と呼ばれる代官は現地の在庁官人を指揮して行政をつかさどり、税を収納して京に上納する。つまり、国司になっても京都を離れることなく、任務をこなせたのだ。京都に常住する。これが貴族であろう。

この貴族に対し、地方に活躍の場を求める者もあった。彼らは京にも屋敷を持つが、地方に勢力を築き、本拠を構える。彼らは本拠と京都を往来し、本領の拡大に力を注ぎながら、京都で貴人に仕えてより上位の官位の獲得をめざす。本拠では周囲の勢力を屈服させるために「武」を修得し、武芸を磨く。その「武」を以《もっ》て京都の貴人の警護などを行う。国司に任じられればフットワーク軽く任地に赴くこともある。これが武士①、つまり棟梁《とうりょう》になれる武人である。平清盛に連なる伊勢平氏は伊勢に本拠を置き、京都で活躍した。

最後に「京都」と関係を持たない者がいる。②がこれだろう。彼らは元をただせば高貴な血（桓武天皇の子孫など）を引いてはいるが、地方に土着し、京都との連関を失った者たちである。自分の本拠をしっかりと防衛するために武装し、相模国の「三浦」、武蔵国の「河越」など、本拠の地名を家名とする。地方の武士は「大番役」といって京都の警護に駆り出されることがあるが、②の武士たちは能動的に京都に赴くわけではない。いうなれば自ら京都との関わりを持つ武士が①、なるべくなら京都に行きたくない武士が②であり、②は武士の棟梁になることはない。①に家人として仕えるのみである。

学界ではいま、平安時代後期の武士を「都の武士」と「いなかの武士」に分ける。「都の武士」は京武者と称され、院政を行う上皇に奉仕したり、摂関家の従者となる。貴人と交わりをもつので歌の一つも詠めなくてはならず、文芸・音楽・礼儀などの教養を身につけている。武士に必須の乗馬と弓の技倆《ぎりょう》は、競馬《くらべうま》や的当ての競技として貴人を楽しませる。まさに「スポーツマン的な武士」である。ぼくの分類でいうところの①に当たるであろう彼らは、チャンスを逃さずうまく立ち回れば、あるいは上皇など権勢の後援を受ければ、武家の棟梁となることができる。

一方で、②の武士は「いなかの武士」である。彼らは教養を必須としない。おそらく鎌倉幕府に集結した有力御家人の大半は、字を書けなかったのではないかとぼくは想像する。だからこそ、字の巧みな北条時政《ときまさ》、梶原景時《かじわらかげとき》は文武両道の士として頭角を現すのだ。②の武士の武芸は、まさに敵を打ち倒すために磨き抜かれる。「敵を打ち倒す武士」と呼んで①と区別することができる。彼らの視点は田舎止まりであり、武家の棟梁としては適当ではない。

貴族と、武士①と、武士②はだいたいこんなイメージで良いのではないか。そしてその相互関係は、貴族から下位の武士①が派生し、武士①から下位の武士②が派生する、というものになる。このとき、いったん臣籍降下した人が皇族に復するのが至難だったように、①が貴族に、②が①に戻るのはきわめて困難であった。たとえば①の清盛の家は、祖父・正盛も父・忠盛も国司を歴任していたが、中央の貴族にはなれなかった。

興味深いのは忠盛で、彼は晩年、正四位上になっている。そのすぐ上は従三位で、三位になると一流の貴族の仲間入りができる。ところが忠盛は正四位上。三位まであと一歩のようだが違う。三位に昇る貴族は、朝廷の慣習として正四位上にならず、正四位下から従三位になる。つまり正四位上になるとは、汝《なんじ》を三位にするつもりはないぞ、と宣告されるに等しいのだ。

その息子の清盛も国司を務めていたが、保元の乱で功績を挙げて国司中のトップ、播磨守になり、ついで九州の国司を統轄《とうかつ》する大宰大弐《だざいのだいに》（実質上の長官）になった。これ以上の地方官はない。ここで平治の乱が起こって再び抜群の功績を挙げることにより、ようやく中央官である参議になり、真の貴族に復することができたのである。

戦いが先例を超えるパワーになったのであり、ひとたび難関を突破した彼は、このあと瞬く間に累進し、武士でありながら最高位の太政大臣に進んだ。

「幕府の王」は将軍にならなかったのか、なれなかったのか

「サムライ・ジャパン」などという名称が使われるように、私たちは現在でも「さむらい」という言葉を用いる。「さむらい」は「さぶらう」＝「侍う」、つまり貴人（天皇・上皇・貴族）の側近く仕える者、を意味していた。それで貴人を護衛する武士を指すようになった。

鎌倉幕府は御家人を「侍《さむらい》」身分と規定した。御家人とは所領の規模の大小はあれども、将軍に直々に仕える者である。これに対し、侍よりも下位の身分の者を、一括して「凡下《ぼんげ》」の身分とした。御家人に仕える郎党・郎従（彼らは御家人に従って戦場に赴く、戦闘のプロであるが、侍身分ではないのだ）、有力な農民である名主、ふつうの農民、商人や職人、経済的に自立できない下人などはひとまとめにされ、「凡下」身分として扱われた。

凡下というのは元来が仏教用語で「世の愚かな人たち」「世にある人たち」を指す語として用いられていた。転じて平安時代には、官位を持たない無位の人々、庶民を指す言葉とし

て使われた。時代の進行とともに武士が台頭すると、官位を獲得する武士が出現する一方で、官位のない、すなわち凡下である武士もいた。鎌倉幕府はこの区分を改め、御家人は侍、それより下は凡下としたのである。

あるとき源頼朝が熊谷直実の子の直家を「この者は本朝無双の勇士である、平氏追討の数々の戦いで父の直実と共にいのちがけで戦った」と褒めると、下野随一の有力御家人の小山政光が鼻で笑って、「その者は所領が小さく家来を養えないので、自身で戦闘するしかないのです。私はたくさんの家来を養っておりますので、この者たちを戦場に送って頼朝さまのために尽くしている。頼朝さまがこの者を勇士として評価するというなら、これからは私もせいぜい、自身で敵と戦うことに致しましょうか」と言い放ったという。

この逸話が示すように、有力御家人の郎党の中には、小規模な御家人と同等、もしくはそれ以上の実力を持つ者がいた。中には官位を有する者もいた。鎌倉幕府はこの「官位を持つ郎党」には例外的に「侍」身分を認めたが、そうでなければどれほど富裕であっても凡下である。将軍に直《じか》に仕える者は、どれだけ貧しくても御家人で侍身分、御家人の家来（将軍からみれば陪臣になる）は凡下扱いなのだ。

鎌倉幕府は凡下が御家人に上昇すること、御家人の所領・所職を得る（奪っても、買っても）ことを固く禁じた。凡下には往来などで見ればすぐにそれと分かるよう、服装に厳しい規制があった。また刑事事件においては、御家人が原則として財産刑で済まされたのに対し、凡下には拷問が許容されていて、身体刑が行われた。

幕府の定めた侍と凡下の区分は、平安時代の状況の影響を受けている。そして平安時代で決定的な要素だったのは官位である。ここからインスピレーションを得るならば、先週に述べていた平安時代以来の武士①と武士②を分けるものも、結局、官位なのではあるまいか。

おさらいをすると、武士①は武士のリーダーになれる者。平清盛や源頼朝。一方で武士②は武士①に仕える存在で、リーダーにはなれない。三浦、千葉、上総、畠山などである。この者たちはみな平家の血を引いているが、京都の平家軍と彼らが戦ったとしても、「平家相打つ」とは言わない。彼らの上にいるのが源頼朝であれば「源平の戦い」であって、武士①の動向が重要なのである。では、何が武士①と②を分けるか。それが官位のあり・なしではないか。

北条泰時《やすとき》（一一八三〜一二四二）という武人がいる。北条義時《よしとき》の子で、承久の乱では幕府軍を率いて上洛《じょうらく》し、朝廷軍を破り、後鳥羽上皇を捕縛した。そのあと京に駐留し、幕府の京都支社長というべき六波羅探題を務めた。父の義時が亡くなると鎌倉に帰って執権に就任し、合議制を導入して御家人たちをよくまとめた。一二三二年には武家初の法である『御成敗式目』を策定し、「法による支配」を掲げた。どの御家人も、法のもとでは原則、対等。公平性を重視して、御家人の支持を得たのだ。

貴族である北畠親房《ちかふさ》は『神皇正統記』で泰時を称賛しているし、現代でも、尊敬すべき社会学者の大澤真幸氏は「日本で唯一革命と呼べるものを行ったのは泰時である」と高く評価している。幕府内ではみなが「泰時こそは幕府の王である」という認識を持っていたはずだ。父の義時の代のような、有力御家人による反乱ももはや起きていない。でも、泰時は「将軍になっていない」。また彼の子孫たち、北条本家の人々もそれに倣っている。これはいったい、なぜなのだろうか。いや、もっと厳密に言うと、「北条泰時は将軍にならなかった」のか「将軍になれなかった」のか。それがぼくにとっては、もう何十年も疑問に思っているいることなのだ。

平清盛＝白河上皇落胤説とは

武士を朝廷の官職や位階で区別するというきみの説明は分かったけれども、肝心の官職や位階についてよく分からないので解説してくれないか。そう周囲からリクエストされたので、ごく簡単に書いてみよう。

貴族の肩書には、位階と官職がある。後者から述べると、官職には大まかに分けて地方官と中央の官職がある。中央の官職には現在の政治家の代表、閣僚に相当する議政官（これは当時の呼び方ではない。便宜的に）と官僚に比すべき事務官（これも便宜的な呼称）がある。貴族という存在は世襲であって、どの家に生まれるかにより、どういう経路をたどってどこまで出世できるか、ほぼ決まっている。生涯を議政官として活躍するのが上級貴族。まず地方官や事務官に任じ、その経験を生かして議政官に昇進する（といっても中納言あたりで空気を読んで引退する）のが中級貴族。一生を国司などの地方官、という人たちもこちらに入れておこう。ずっと事務官として活動するのが下級貴族である。

位階は最上の一位から八位まであるが、よく見るのは六位より上。一位から三位までには正と従の別がある。たとえば正二位、従二位で、従よりも正がえらい。四位より下にも正と従があり、更にこれに上・下が加わる。だから四位の中でえらい順に並べると正四位上、正四位下、従四位上、従四位下となる。

ここで大事なのが五位と六位の別。上級貴族と中級貴族は五位からスタートして出世していく。具体的には従五位下に叙される（叙す、という言い方をする）のが貴族社会デビューとなる。これを叙爵という。この時に諱《いみな》を定め、冠を初めてつけ（「ういこうぶり」）、成人と見なされる（目安として十代前半）。一方、下級貴族は五位には昇進できない。五位と六位の間には大きな壁があるのだ。

それから、三位と四位にも壁がある。三位以上は「公卿」と呼ばれ、一流の貴族と見なされる。議政官になるためには三位以上になる必要がある。ただし議政官のスタートとなる「参議」（定員八人）は四位で任じられる役職だが、これは特別に「公卿」扱いする。

先に、清盛の父の平忠盛は公卿の仲間入りができなかった、と書いた。彼は地方官である国司を歴任し、それにつれ位階も上がり、正四位上に叙せられた。そのすぐ上は従三位。公卿への昇進は時間の問題……。いや違うのだ。調べてみると、変則的な習慣がある。公卿になる人は正四位下から、正四位上をとばして従三位になっている。だから正四位上に叙す、ということは「はい、ここでおしまい。それより上はないよ」と言われたに等しいのだ。忠盛がこのあと長生きしても、正四位上のまま。現役は引退し（散位という）、老後を楽しむしかない。

彼の後継者が清盛であるが、彼もまた地方官として活動しているうちに一一五六年、保元の乱が起きた。皇位を巡って争いが起きるのは珍しくないが、問題は政争に約三百五十年ぶりに「武力」が用いられたこと。そうか、武力こそは状況をドラスチックに変えるツールなのだ。貴族たちは眼前に繰り広げられた殺戮《さつりく》と破壊を見て、否応《いやおう》なくそう気づかせられた。武士という存在はげに恐ろしきものよ……。でもこの段階では、清盛はコマの一つであったので、従来の武士の枠の内にとどまっていた。恩賞は地方官の中で一番「おいしい」とされていた播磨国司の職。位階は正四位下のまま。

ところが彼は、一一五九年に起きた平治の乱ではまさに決定的な役割を果たした。貴族の藤原信頼が源義朝と組んで起こしたクーデターを、ほぼ独力で鎮圧したのだ。こうなると、もう「従来のルールの遵守《じゅんしゅ》」だけでは収まらない。清盛は従三位を飛び越え、二階級特進で正三位に。ついに公卿の仲間入りである。しかも参議に任じられ、中央の議政官になった。

清盛は白河上皇の落胤《らくいん》であるとする説が『平家物語』にあり、研究者でもそう理解する人は少なくない。そもそもやんごとなき身であるので、後の栄達があった、とするのだ。細かい論証は省くが、ぼくはそうは思わない。清盛は普通に武士の出身である。けれども武士勢力の台頭があり、そこに朝廷の勢力図を一挙に描き変える兵乱があって、貴族たちはやむなくルールを破らざるを得なくなった。私たちより一段卑しき者、と見下していた武士を仲間として迎え入れねばならない。その悔しさと痛みが、「清盛＝白河上皇落胤説」を生んだと考えている。

さて、それでは鎌倉幕府を牛耳っていた北条本家の歴代の位階と官職はどうだろう。

◎義時→従四位下、陸奥守
◎泰時→正四位下、武蔵守
◎時頼→正五位下、相模守

◎時宗↓正五位下、相模守
◎貞時↓従四位上、相模守
◎高時↓従四位下、相模守

さあ、これをどう考えるべきか。

「武士たちよ、民をいたわり愛せよ」

ＳＮＳの世界で「私は歴史の通だ」と振る舞う人が「上皇は天皇が任命する」と発言していたので、「誤りだ。天皇が退位すると上皇（太上天皇）に『なる』のであり、天皇が『任じる』性格のものではない」と訂正したが、結局分かってもらえなかった。統治システムでも人事でも、すべての根源に天皇が存在する、という理解は分かりやすいが、時に誤った認識につながる。

鎌倉時代において天皇と将軍、どちらがえらいと敢《あ》えて尋ねると、多くの人は天皇と答える。天皇が将軍を任命するのであり、逆ではない。ゆえに当然、天皇が上位で、将軍が下位の存在だという。たしかに「タテマエ」としては正しい。だがひとたび「ホンネ」に注目してみると事情は微妙に変わってくる。

一二二一年、後鳥羽上皇は承久の乱を企て幕府に敗北した。この後、幕府（その代表は将軍）は意に沿わぬ天皇の登場を拒否することがあった（実例は四二年、朝廷が一致して推した忠成王を排して後嵯峨天皇を即位させた）。また、皇統が大覚寺統と持明院統に分かれてからは、幕府の支援を受けた皇子が至尊の位に即《つ》いたのである。一方で、将軍の嗣立《しりつ》はもっぱら幕府が定め、天皇や朝廷は介入することができなかった。

「タテマエ」としては天皇が上、将軍が下。でも「ホンネ」ベースでは、話が違ってくる。しかもその幕府内では、将軍は実権をもたず、執権の北条氏が権力を行使した。さらにいえば、北条氏の中でも北条本家の当主こそが真の権勢者なのであって、執権の地位にいるというだけでは、北条一族の人間は、本家の当主には逆らえないのだ。

他国の王さまは、王の地位を退いたら王としての権威も権力も手放す。「キング」は「リタイアド・キング（a retired king）」になる。だが、天皇は「地位」を退いても「リタイアド・エンペラー」になるわけではない。その名も「エンペラー・エメリタス（the Emperor Emeritus）」。名誉教授が「プロフェッサー・エメリタス」なので、名誉天皇とも訳せる。これは上皇陛下にふさわしい、とてもいい称号だ。

天下人・豊臣秀吉は関白職を手に入れたから天下人になったわけではなく、自分の勢威を分かりやすく示す指標として関白を選んだ。だから関白の座を甥《おい》の秀次に譲って自身は「先の関白」を示す「太閤」になっても、依然として天下人として政権を運営していた。徳川家康もまた、征夷大将軍に任じられたから、諸大名への命令権を獲得したわけではない。将軍の座を嫡子の秀忠に委ねたあとも、「大御所さま」は変わることなく軍事と政務の最高責任者であった。だから一六〇三年、家康の将軍就任を以《もっ》て江戸幕府の開始とする通説には、ぼくは全く納得できない。中世史では源頼朝・足利尊氏の征夷大将軍就任と幕府の開設を分けて考えているのに、近世史は旧のままである。

しかし「ホンネ」がすべて、ではない。だからこそ、幕府に君臨しながら、北条氏は将軍ではない。なれなかったのか、ならなかったのか。両方だろう。なろうと望めばなることはできた。皇位すら左右する力を持っていたのだから、「ホンネ」として北条氏が願えば、朝廷は否とは言えなかったはずだ。

だが、北条氏は平家の末流であり、「タテマエ」として武家の棟梁《とうりょう》になれない家であった。だから将軍になろうとすれば、それは「タテマエ」を粉々にすることなので、御家人の反感を生むだろうし、反感は反逆の火の手に成長するかもしれない。賢明な北条氏はそれを避けた。

だから、「将軍になることはできた」けれど、危険性を考慮して「ならなかった」。つまり北条氏自身の意識としては、「なることはできなかった」ということになるのだ。

北条時頼《ときより》（一二二七～六三）は、『御成敗式目』を作り「法による統治」をはじめた泰時《やすとき》の孫にあたる。父は早くに亡くなり、兄は病弱であった。そこで執権となって幕府の先頭に立った時頼であったが、彼は実に注目すべき目標を掲げた。「撫民《ぶみん》」。武士たちよ、民をいたわり愛せよ。そう呼びかけたのである。

武士とは戦う人であった。相手を打ち倒す、もっといえば殺傷のプロフェッショナルであった。統治者としての性格など、彼らは本来もたなかったのである。だが、文字もろくに書けなかった武士たちは北条氏に率いられ、朝廷から、歴史から学んでいった。我々は社会を代表する存在として、民に向き合い、導かねばならない。

時頼を支えた人に舅《しゅうと》であり、大叔父である重時《しげとき》（一一九八～一二六一）がいる。彼は子どもたちにこう書き残している。「百姓をいたはれ。徳もあり。罪も浅し」。他者の命を奪う武士がもともと背負っている罪を内省的に見つめ、百姓には慈しみの視線を投げかける。重時の姿勢は、時頼の「撫民」と響き合う。時頼のもとで、鎌倉御家人は統治者として歩み始めた。

基本をクリアできない学説は成り立たない

前回で鎌倉の北条氏が将軍になっていないことを論じた。ならなかったのか？　なれなかったのか？　北条氏は実力を行使して将軍になることは十分にできた。けれども「タテマエ」を破壊することになるので、周囲の武士たちの反発が起きるかもしれない。小さな反発の大きな反乱への成長を警戒し、賢明な北条氏は将軍にならないことを選択したのだろう。つまり客観的に見ると、北条氏は将軍にならなかった。ただし北条氏の主体的な判断としては、将軍にはなれなかった。まるで禅問答のように、そう結論づけてみた。

では足利氏はどうか？　足利尊（高）氏は鎌倉幕府打倒の立役者となったあと、征夷大将軍への任官を望んだ。足利氏は平安時代末から官位をもつ武士①であった。保元の乱で源義朝と轡《くつわ》を並べて戦場に出た足利義康は従五位下で検非違使などに任じている。彼の子の足利義兼は従四位下、上総介。なお義兼が足利の地に創建した樺崎寺の本尊は、二〇〇八年にアメリカのオークションに登場し、すわ日本の宝の海外流出かと騒がれた（結局は日本の宗教法人が落札した）運慶の手に成る大日如来だろうと考えられている。

源氏一門である足利氏は、「タテマエ」的に、武士の棟梁《とうりょう》になり得た。また実力も、北条一門には遠く及ばないものの幕府のナンバー2であった。それゆえに堂々と将軍の地位を要求できた。

問題は、将軍になれたのが足利氏に限られていたか否かである。鎌倉幕府から源氏一門として遇されていた武田氏や小笠原氏は「うまく立ち回りさえすれば」武家の棟梁となることができたのか？　これらの家が鎌倉時代にどれほどの官位を得ていたか、それが今ひとつよく分からないので、もう少し考えたい。ただ、足利氏が一枚も二枚も上に見えるのは確かである。

有名な話だが、尊氏は政治を弟の直義に任せ、自身は軍事指揮に専念した。尊氏は全国の武士を「主従制」の原理のもとにまとめあげた。武士たちは土地の権利を尊氏に認めてもらう代わりに、戦場で彼のために命を投げ出して戦った。こうして人格的に武士を支配する権限を「主従制的支配権」という。一方で直義が握っていたのは、全国に対する「統治権的支配権」。軍事と政治と。この二つが車の両輪のように作動することにより、室町幕府は軌道に乗っていく。それゆえに将軍権力というのは、「主従制的支配権」と「統治権的支配権」の二つの要素から成り立っているのが分かる。これが佐藤進一先生が提唱された「将軍権力の二元論」であり、武士政権を考えるときに、必ず学ばなくてはならない定説であり基本である。

歴史研究者はとりあえずいつも歴史のことを考えている。だから研究は進んでいくわけだが、その時に「基本に則しているか否か」を必ず自省する必要があるように思う。研究者も人間であるから、「私だけの、ぼくだけの」見解を主張したいのは当然だろう。今までにない解釈でみんなをあっと言わせたい。そう願うのも人情である。けれども、それが基本を逸脱していてはやはりよろしくない。学者特有の小難しい議論はさておいて、シンプルに基本と対峙する。基本をクリアできないなら、学説は成り立つまい。

たとえば「鎖国はなかった」ということが近世史ではさかんにいわれている。「日本は海外に開かれてはいなかった」という基本の理解に立ち返って、「素朴な疑問」を投げかけることをしてみよう。じゃがたらお春はなぜ日本に帰国できなかったのか？ 漂流してロシアに漂着した大黒屋光太夫は仲間を失い帰国したが、なぜ故郷に帰ることも許されず、軟禁されたのか？　ペリーが来ることをみな知っていたというが、ではなぜ蒸気船を見た日本人は腰を抜かすほど驚いたのか。驚いてない、というならば、なぜ多くの血を流して幕藩体制を崩壊させ、維新を遂行したのか？　アクロバティックな論法を用いずに、シンプルに答えられないなら、「鎖国はなかった」ことにはならないと思うがどうか。

二重公儀体制論というものがある。関ケ原以降、大坂の陣で豊臣家が滅亡するまでは、江戸と大坂、二つ「公儀」があったという。基本に立ち返ってみると、これも妙な話である。全国の大名はだれに領土を与えられていたのか？　豊臣家によって封じられていた大名は加増されたり、国替えされたり、取り潰されたり、関ケ原後にみな徳川氏と契約し直しているはずだ。ならば「主従制的支配権」は徳川氏の手中にあったと考えるべきであり、であれば「公儀」は江戸幕府ということになるだろう。だからこそ、大坂の陣では史実として、大名は誰一人として豊臣家に従っていないのだ。

基本を忘れずに、楽しく。これからも少しずつ考えを進めていければと思っている。

初出　日本経済新聞朝刊（二〇一八年六月二日～二〇一九年七月十三日）

本郷和人 ほんごう・かずと

東京大学史料編纂所教授。1960年東京都生まれ。東京大学・同大学院で石井進氏、五味文彦氏に師事し日本中世史を学ぶ。専門は中世政治史、古文書学。東大史料編纂所では『大日本史料　第五編』の編纂を担当。著書・監修書は多数。近著に『日本史の定説を疑う』（井沢元彦氏との共著）『危ない日本史』『日本史でたどるニッポン』『誤解だらけの明智光秀』『空白の日本史』『信長　「歴史的人間」とは何か』『日本史　自由自在』『権力の日本史』など。

日経プレミアシリーズ　432

日本史《にほんし》ひと模様《もよう》

二〇二〇年七月八日　一刷

著者　本郷和人
発行者　白石　賢
発行　日経BP
発売　日本経済新聞出版本部
日経BPマーケティング
〒一〇五―八三〇八
東京都港区虎ノ門四―三―一二
装幀　ベターデイズ
組版　マーリンクレイン
印刷・製本　凸版印刷株式会社

ISBN 978-4-532-26432-1　Printed in Japan